Ma vie en pointillé

Édition BoD - Books on Demand
12-14 rond-point des Champs Élysées, 75008 Paris

ISBN : 9782322094622

Marie-Josée Khairat - Magali Nayrac

Ma vie en pointillé

À mes parents.
Marie-Josée

Bord de route

Un jour de mai 2014, dans le sud de la France. Comme presque tous les après-midi de la semaine, quand la météo est bonne et qu'elle n'est pas trop fatiguée, Marie-Josée* est assise dans sa Renault 5 bleue, garée sur le bord de la route nationale à l'entrée d'un chemin de terre menant à une vigne. Elle attend les clients.

Chaque jour ou presque, Marie-Josée passe des heures dans cette voiture pour *faire* deux ou trois clients, comme elle dit. Ce que ces hommes perçoivent comme leurs besoins sexuels sera assouvi en quelques minutes seulement par Marie-Josée. Et l'attente reprendra.

Mis à part une poignée d'habitués, les clients se font plutôt rares ces temps-ci. La faute aux passages réguliers de la police et aux rumeurs de pénalisation des clients ? La faute aux jeunes femmes roumaines, postées un peu plus haut sur la même route par leurs proxénètes, dont la jeunesse et les tarifs au rabais constituent une concurrence impitoyable ? Ou tout simplement la faute à la crise et aux fins de mois difficiles qui tendent à réduire le « budget loisirs » de ces messieurs comme peau de chagrin ? Pourtant, parmi les rares clients potentiels qui s'arrêtent, nombreux sont ceux qui proposent de payer plus que la normale pour obtenir des actes sexuels sans

---

* Tous les prénoms ont été modifiés.

préservatif. Cette demande est systématiquement refusée par Marie-Josée, comme par la plupart des personnes qui sont prostituées sur la route. Pour Marie-Josée, cette demande est une pure inconscience et une offense, non seulement pour elle, mais aussi pour *les régulières*, femmes ou compagnes officielles de ces hommes, qui pourraient se trouver contaminées du simple fait des désirs égoïstes de leurs compagnons. Et oui, nous dit Marie-Josée, quand on fait ce travail on déchante bien vite sur la *nature masculine*. Elle raconte alors l'hypocrisie de ses clients réguliers qui font mine de ne pas la connaître quand ils passent en voiture accompagnés de leurs femmes. Elle constate leur lâcheté, mais en même temps c'est bien normal qu'ils l'ignorent, ajoute-t-elle : la discrétion est au cœur du contrat tacite sur lequel se fonde *le métier*.

Elle évoque alors un client en particulier, qui a pour habitude de passer incognito une première fois avec sa femme puis de revenir après l'avoir déposée au supermarché du coin. Il n'aime pas faire les courses, ça le rend de mauvaise humeur et désagréable. Il laisse donc sa femme les faire ; elle a l'habitude et fait ça très bien. Pendant ce temps, prétextant l'achat d'un journal ou d'une grille de tiercé, il revient voir Marie-Josée pour lui acheter une fellation. L'affaire est vite réglée, ce qui laisse encore le temps à ce monsieur de passer pour de bon au PMU avant de retourner, de fort bonne humeur, attendre que sa femme sorte sur le parking du supermarché, dépourvue de tout soupçon et le caddie rempli de courses pour la semaine.

Ce jour-là, tandis que le soleil cogne fort sur la petite voiture de Marie-Josée, il n'y a personne. Quand c'est comme ça, Marie-Josée raconte qu'elle a pour coutume de penser très fort à l'un de ses habitués en espérant que ça le fasse venir, comme par télépathie. Elle ne sait pas comment mais elle dit que ça marche assez souvent. Pourtant, ce jour-là, ça ne marche pas.

Mais voilà qu'arrive un jeune homme d'une vingtaine d'années. En fait, cela fait plusieurs fois qu'il passe et repasse devant la place de Marie-Josée à bord de sa voiture. Elle l'a repéré, comme elle repère à peu près tout ce qui se passe sur *sa* route. D'abord, elle se méfie. D'habitude elle *ne fait pas* les jeunes qu'elle ne connaît pas déjà, surtout s'ils sont basanés, comme elle dit, et comme c'est le cas en l'occurrence. Mais le jeune homme a de bonnes manières, le regard doux et, la voix posée. Il est d'un calme exemplaire et semble parfaitement inoffensif. Il demande juste une fellation. Tout compte fait, Marie-Josée accepte d'en faire son client. L'autre prestation qu'elle délivre, comme elle la nomme, elle la lui aurait refusée car, avec des jeunes comme ça, elle estime que c'est devenu trop physique pour elle. Marie-Josée monte dans la voiture de son client et ils avancent de quelques mètres sur le petit sentier qui mène à la vigne, afin de ne pas être visibles des automobilistes qui circulent sur la route.

Selon l'usage consacré, Marie-Josée demande au client de payer d'abord. Le tarif en vigueur sur la route est de trente euros pour une fellation. Le jeune homme refuse, promettant qu'il paiera après. Marie-Josée insiste, c'est la règle. Mais voilà que le jeune homme s'excite et, sans préavis, la tire par les chevilles puis lui saisit les poignets pour lui imposer un coït. Son regard a changé, ses gestes sont brusques, décidés. Il est comme possédé, révélant une brutalité que l'on n'aurait pu soupçonner l'instant d'avant. Marie-Josée se débat et tente d'attraper la bombe lacrymogène qu'elle a toujours dans son sac. Il l'intercepte et la jette par terre, lui faisant signe qu'elle est folle d'avoir pensé utiliser son arme. Craignant qu'il ne re-

tourne la bombe contre elle, Marie-Josée se laisse finalement
faire, parvenant même à lui glisser in extremis un préservatif.
Elle veut limiter les dégâts, c'est la seule chose à faire dans
l'immédiat. Elle sait qu'elle ne fait pas le poids contre son
agresseur et espère simplement que ça ira vite, qu'il ne lui fera
pas trop mal et que le préservatif tiendra bon.

Surtout, Marie-Josée ne parvient pas à croire à ce qui est
en train de lui arriver. Ce qui est en train de lui arriver là, à
elle, si expérimentée, après tant d'années de route au comp-
teur, après tant de vigilance et de précautions. Elle est sidérée.
Elle y avait toujours échappé, mais cette fois, c'est son heure :
pour la première fois de sa *carrière* Marie-Josée est violée par
un client. Elle a soixante-quinze ans.

La cinquième fille de son père

Avril 1939, dans un petit village de l'est de la France.

Je suis née d'un père d'origine soudanaise et d'une mère lorraine d'origine italienne et allemande. À la maison, nous étions onze enfants : six filles et cinq garçons. Moi, je suis la huitième et la dernière des filles. En réalité, j'étais l'avant-dernière mais ma cadette est morte à l'âge de six mois d'une gastro-entérite. Mon père disait souvent qu'il aurait préféré n'avoir que des garçons, pour monter une équipe de foot avec toute sa progéniture.

Mes parents étaient du genre discret. Nous savons bien peu de choses sur leurs vies. Juste le minimum.

Mon père nous a dit qu'il était né au Soudan. Il nous a raconté que lorsqu'il était enfant, un incendie avait brûlé sa maison et tué toute sa famille. Pris de panique devant les flammes, il aurait couru droit devant lui dans le désert, sans savoir où il allait. Il ne sait pas combien de temps sa course a duré avant qu'il ne soit recueilli, hagard et épuisé, par un couple de Marocains. Ils l'ont emmené vivre avec eux d'abord au Maroc puis en Espagne où il a grandi. De ce que mon père a vécu avant l'incendie, pas une trace, aucun souvenir, si ce n'est celui de l'existence d'un frère mesurant plus de deux mètres et d'une sœur tout aussi grande. Tous deux seraient morts dans l'incendie avec leurs parents. Étrangement, mon père, lui, ne mesurait qu'un mètre soixante-sept, une petite taille dont j'ai hérité.

À part ça, rien. C'est comme si tout s'était évaporé de sa mémoire lors de sa folle fuite dans le désert. Aux rares questions que nous osions lui poser, il a toujours répondu qu'il ne savait pas ou qu'il ne savait plus. Je pense surtout qu'il voulait oublier.

Si sa couleur de peau et son prénom, Omar, le rendaient étranger aux yeux de nombreuses personnes, mon père faisait semblant de ne pas s'intéresser à la question de ses origines. Militaire de carrière, il disait se sentir pleinement français. Pourtant, tout au long de sa vie, il s'est absenté de la maison pendant de longues périodes durant lesquelles il entreprenait, seul, de mystérieux voyages. À son retour, il nous offrait des tissus exotiques dans lesquels nous nous faisions tailler de véritables robes de princesses. Mais ces tissus ne faisaient qu'envelopper son silence. Nous n'avons jamais rien su de ses périples.

Je pense aujourd'hui qu'il devait chercher d'où il venait. Peut-être retournait-il parfois errer dans le désert, comme lorsqu'il avait été recueilli ?

Un jour, alors que j'avais une trentaine d'années, un anthropologue parisien m'a dit, sur la base de mon ossature et en recoupant les informations que je lui fournissais, que mon père était sans doute un « homme bleu » du Sahara, un Touareg. Ceci nous éloigne du Soudan et du récit qu'il nous a légué, mais qui sait ?

Je dois dire que mon père était mon idole. Encore aujourd'hui, je l'admire parce que c'est un homme qui s'est fait tout seul. Il n'a pas été à l'école, il n'était donc pas très instruit, mais il était très intelligent. Surtout, c'était un homme fier et indépendant. Et je crois que j'étais sa fille préférée, sa chouchoute. Nous avions des affinités notamment parce que j'étais la seule à être, comme lui, douée pour le sport. C'est ce qui fait que je suis aussi celle qui lui a toujours tenu tête. En fait, je crois que je suis la seule qui n'ait jamais eu peur de lui, même quand il était sous l'emprise de l'alcool.

Risque du métier

Début juin 2014.

Depuis son agression, Marie-Josée est un peu sonnée. Elle n'en revient pas.

Certes, elle a eu les bons réflexes. Elle a gardé le préservatif usagé, qu'elle avait retiré et caché d'un geste de professionnelle, rapide et discret. Elle sait que ça peut être une pièce à conviction contenant l'ADN du violeur, elle l'a vu dans les séries policières qu'elle regarde parfois à la télévision. Ensuite, elle est allée faire constater le viol à l'hôpital. Elle ne s'est pas rendue à celui de la petite ville où elle habite car il n'a pas de services légistes, mais à l'hôpital de la grande ville la plus proche. Évidemment, ça a duré des heures avant qu'on ne la reçoive. Des heures entre sidération et stress, des heures durant lesquelles elle s'est sentie extrêmement seule. Elle aurait peut-être pu avertir Manu, le fils adoptif de 53 ans avec qui elle cohabite depuis des années. Il connaît son activité et l'aurait accompagnée dans ses démarches, comme il le fait toujours. Mais elle tenait à les faire seule, pour ne pas l'inquiéter, pour ne pas qu'il vienne encore lui demander d'arrêter d'aller sur la route, pour ne pas se sentir encore plus coupable.

Elle aurait bien aimé, quand même, pouvoir en parler à Laure, sa *grande copine assistante sociale* comme elle l'appelle, mais qui est en réalité une éducatrice au sein d'une association de travail social spécialisée, structure qui intervient auprès des publics concernés par la prostitution. Cela fait des années qu'elles se connaissent et que Laure l'écoute, l'accompagne dans ses différentes démarches et la soutient dans ses diverses galères. Hélas, c'est dimanche et, manque de bol, Laure est en congés la semaine suivante. Il ne viendrait pas à Marie-Josée l'idée de se tourner vers un autre travailleur social. Il n'y a que Laure en qui elle ait confiance.

Finalement, ce n'est qu'à minuit que Marie-Josée est rentrée chez elle, à plus de quatre-vingts kilomètres de l'hôpital où le viol a été constaté. Jamais elle n'oubliera son trajet de retour, ni la solitude et la fatigue à bord de sa petite voiture qui traversait la nuit.

Le lendemain elle s'est rendue à la gendarmerie qu'elle connaît bien, près de son lieu de prostitution : elle a porté plainte, décrit l'agresseur et son véhicule, donné sa plaque d'immatriculation, transmis la pièce à conviction. Celle-ci a été envoyée pour analyse, dans une petite boîte isotherme, elle ne sait trop où.

Marie-Josée n'ignore pas que toutes les femmes qui travaillent sur la route n'ont pas le réflexe de porter plainte. Ni toujours le même accueil à la gendarmerie. C'est que Marie-Josée connaît bien les gendarmes ici, elle dit que ce sont des copains. Eux la considèrent comme une dame, sans doute à cause de son âge et de son ancienneté dans le secteur, sans doute aussi parce qu'elle a l'avantage d'être française et de connaître les codes locaux. Et puis Marie-Josée sait très bien attirer les sympathies. Elle est agréable, attentionnée, drôle et futée. C'est aussi une femme au caractère bien trempé, une femme qui force le respect.

Désolés de la situation, les gendarmes lui ont dit qu'ils allaient retrouver l'agresseur. Effectivement, ce ne sera pas difficile, puisqu'il continuera de circuler sur la route où travaille Marie-Josée. Il agressera même à nouveau d'autres filles qui travaillent par-là, braquant le sac à main de l'une d'entre elles et violant peut-être une autre. Des filles qui bien souvent ne travaillent pas vraiment à leur compte, des filles qui ne porteront jamais plainte malgré les encouragements de Marie-Josée qui aimerait bien ne pas être la seule.

Ce soir-là, les gendarmes ont aussi prévenu Marie-Josée que la procédure pénale serait longue, très longue. Enfin, ils lui ont assuré qu'au moindre souci, elle pouvait les appeler et qu'ils arriveraient sur le champ pour la protéger.

Et voilà, Marie-Josée a pu rentrer chez elle et s'est retrouvée devoir *faire avec* ce nouvel événement de sa vie. Et la voilà qui se retrouve avec une attente supplémentaire, celle du procès, qui vient désormais s'ajouter à son attente quotidienne du client, à son attente perpétuelle de jours meilleurs où l'argent ne manquera plus.

Inquiétée par des douleurs dans tout le bas du corps, Marie-Josée a vite pris rendez-vous à l'hôpital de la ville où elle habite avec le chirurgien qui l'a opérée pour installer sa prothèse à la hanche il y a environ deux ans. C'est qu'elle a quand même été bien *secouée* lors de l'agression, justifie-t-elle. Après l'avoir auscultée, le médecin a pu la rassurer assez rapidement quant à sa prothèse, toujours bien en place. Marie-Josée a alors pris son courage à deux mains pour lui demander un moment d'écoute particulier : « Il faut que je vous parle en privé de quelque chose qui m'est arrivé ». Le médecin a tout de suite compris qu'il s'agissait de quelque chose de grave. Il a fait sortir son assistante et fermé la porte du cabinet. Alors elle a pu lui dire le viol qu'elle a subi et l'état de détresse dans lequel elle se trouve depuis. Dépassé par la révélation, le médecin a su trouver les mots justes pour l'orienter vers la psychologue de l'hôpital, qui reçoit gratuitement. C'est une démarche tout à fait nouvelle pour Marie-Josée. Jamais elle n'a parlé de sa vie ou de ses ressentis avec un psychologue, *espèce* dont elle aurait plutôt tendance à se méfier. Mais cette fois, son besoin de parler de ce qui lui est arrivé est trop flagrant et trop urgent : elle accepte que le médecin décroche son téléphone pour lui prendre un premier rendez-vous, quelques jours plus tard.

En attendant, Marie-Josée a préféré retourner *bosser* dès le lendemain de l'agression. Sinon, a-t-elle dit, elle n'y arrivera plus jamais : c'est comme le cheval, si on ne remonte pas tout de suite après une chute, la peur s'installe et c'est foutu.

Mais depuis l'agression, Marie-Josée n'est vraiment pas rassurée. D'abord il y a les cauchemars où elle se bat avec lui, l'agresseur. Elle ne s'en souvient pas avec précision, mais les nuits sont agitées et il lui arrive de hurler en dormant et de se réveiller en pleurant. Ensuite il y a le fait que maintenant, quand elle attend les clients, elle a peur. Même avant d'y être, à la seule idée d'y aller, elle sent déjà la peur lui tordre l'estomac. Avant, il lui arrivait de bouquiner dans sa voiture en espérant les clients, mais maintenant elle n'y arrive plus. Elle préfère surveiller la route et garder un œil sur le rétroviseur, au cas où quelqu'un arriverait par-derrière, depuis le champ de vignes.

Remarque, comme elle ajoute, elle préfère que ça lui arrive à elle plutôt qu'à une autre. Une autre ? Oui, une fille plus jeune, ou alors une fille qui ne serait pas *du métier*. Là ce serait terrible, selon Marie-Josée. Parce que, quand on *travaille* comme elle sur le bord de route, on sait bien que c'est l'un des risques du métier, même si ça reste dégueulasse. Enfin, elle ne pensait quand même pas qu'elle se ferait avoir comme ça, à son âge. Non, elle n'en revient pas.

Rencontre

Fin des années 1920, dans l'est de la France…

Quelques années après l'adoption de mon père par le couple marocain, c'est le football qui l'amène en France. Remarqué lors d'un match en Espagne, il avait été engagé par un petit club français de seconde ou troisième division. On suppose qu'il avait alors quatorze ans mais rien n'est sûr, car personne ne connaît sa date de naissance exacte. Quelques années plus tard, c'est encore le football qui lui a permis de rencontrer ma mère, la belle Catherine. À cette époque, elle assistait à tous les matchs de l'équipe de son village, toujours accompagnée de ses deux frères. Dès qu'elle a vu Omar jouer, et même s'il était dans l'équipe adverse, ma mère raconte qu'elle est immédiatement tombée amoureuse de lui. Selon ses dires, tout le petit stade aurait été subjugué par son jeu.

Les frères de ma mère étaient de braves gens : l'un était militaire et l'autre mineur. Le premier était un homme à femmes, qui gambadait sans cesse et s'est marié trois fois ; l'autre était vraiment un homme calme et serviable, qui n'a jamais quitté son village. Mes oncles étaient très connus par chez eux et, malgré les préjugés racistes de l'époque, ils ont tout de suite accepté mon père comme l'un des leurs. Cela a grandement facilité son intégration au village.

Peu de temps après cette rencontre, mon père s'est engagé dans l'armée. Il a épousé ma mère juste avant son départ. À cette époque mon père était considéré comme musulman, même s'il n'était pas pratiquant. Il n'y a donc pas eu de cérémonie à l'église. Celle-ci n'est venue que bien plus tard, après la conversion officielle de mon père au catholicisme qui a fait tant plaisir à ma mère en permettant enfin un mariage religieux, après plus de trente ans de vie commune.

Ma mère était très fine et très jolie. Très italienne. Ne serait-ce que sa peau ! Même quand elle est partie, à l'âge de soixante-quatorze ans, elle n'avait toujours pas une ride. Elle était vraiment belle et, avec mes frères et sœurs, on aimait le lui dire. Pourtant, elle a toujours été distante avec nous. Par exemple, je ne sais pas ce que c'est que d'être embrassée ou prise sur les genoux par une maman. C'est étonnant d'ailleurs, parce que ma grand-mère maternelle, qui était une femme très calme et qui ne disait jamais de mal de personne, était pour sa part affectueuse. Je sais qu'elle avait chouchouté ma mère lorsqu'elle était enfant.

Mais c'est ainsi, Catherine était davantage femme que mère, plus proche de son mari que de ses enfants. Jusqu'à la fin, elle a voué une réelle adoration à mon père. Il faut reconnaître que mon père était bel homme, il avait beaucoup de succès auprès des femmes. Bien que petit, il était sportif, élégant et coquet, que ce soit dans son uniforme militaire ou avec ses blazers civils. Ses yeux étaient beaux, sombres, et en amande. Surtout, il y avait très peu de Noirs à cette époque alors autant dire qu'il ne passait pas inaperçu. Dans le village où l'on vivait, j'ai déjà vu des jeunes femmes camper sur le banc en face de la maison pour ne pas louper ses allées et venues. D'ailleurs, il m'est arrivé d'en chasser une qui attendait sous la pluie : je l'ai frappée sur la tête avec son propre parapluie ! Ma mère, elle, s'amusait de ces prétendantes parce qu'elle savait qu'il n'allait pas voir ailleurs. Du moins pas quand il était à la maison. De ce côté-là, il était plutôt respectueux. Ou du moins discret.

Au cours de ses trente-six années de carrière militaire, mon père est souvent parti en mission, notamment en Allemagne juste après ma naissance et en Indochine un peu plus tard. Jusqu'à l'âge de seize ans, je l'ai finalement très peu vu.

Mon père gagnait suffisamment d'argent pour subvenir à nos besoins, alors maman n'a jamais travaillé. En ce temps-là, nous n'avions pas de fins de mois difficiles. Des employées aidaient ma mère dans les tâches quotidiennes, s'occupaient de nous, lavaient le linge. Ces employées, que l'on appelait « tantes », étaient les seules étrangères qui entraient chez nous. Les visites étaient très rares et nous n'étions jamais invités. À la maison, il était peu fréquent d'entendre des éclats de rire.

Lorsque j'étais enfant, ma mère ne sortait quasiment jamais de la maison. Elle envoyait les autres faire les courses pour elle et c'est mon père qui lui achetait ses habits. Même à l'église le dimanche, nous y allions sans elle. Non pas qu'il lui fût interdit de sortir, mais elle disait qu'elle n'était bien que dans sa maison. Je sais par ailleurs qu'elle et mon père étaient beaucoup sortis en tant que jeunes mariés, c'est-à-dire durant les quelques mois avant que ma mère ne tombe enceinte puis se mette à enchaîner les grossesses. J'ai entendu dire qu'ils faisaient même des concours de danse sur guéridon et étaient connus pour être de sacrés valseurs. Moi je ne les ai jamais vus danser.

Nous avons grandi ainsi, en vase clos, dans un milieu fermé au monde extérieur. Je n'allais pas chez des copines puisque je n'en avais quasiment pas, à l'exception de celles que je fréquentais pendant mes cours de gymnastique et de judo. Heureusement d'ailleurs qu'il y a eu le sport qui m'a permis de sortir un peu de la maison, de voyager pour les compétitions, d'être un peu plus indépendante que mes sœurs.

Le racisme était omniprésent à cette époque et nous n'étions pas toujours épargnés. Par exemple il n'était pas rare que mon père, qui avait gardé un pied dans le football en tant qu'arbitre, se fasse traiter de « négro » lors des matchs. Quand cette insulte fusait, sans broncher, mon père repérait celui qui l'avait proféré et attendait la fin du match pour aller réparer l'offense d'un coup de poing. Généralement, le gars se retrouvait assommé avec deux dents en moins. Mon père a parfois dû s'expliquer ensuite au tribunal, mais sur le moment, le message passait clairement : le négro, il valait mieux pas l'embêter. La violence dont il était capable inspirait la crainte, son sang-froid imposait le respect.

Prétendant

Ces derniers temps, il y a un jeune homme de soixante-cinq ans qui a le béguin pour Marie-Josée. Ils se sont rencontrés dans un bar et se fréquentent depuis environ un mois et demi. Il lui fait la cour. Mais c'est platonique, précise Marie-Josée. Car depuis deux ou trois ans, elle n'a plus du tout envie d'avoir de *rapports*, c'est comme ça. Et puis le prétendant est au courant pour le viol, alors il attend aussi qu'elle s'en remette. C'est vrai qu'en ce moment, ses nuits sont hantées par des cauchemars conséquents à son agression. Il n'est pas rare qu'elle se réveille en hurlant et peine ensuite des heures à se rendormir. Tout ceci n'est pas très bon pour sa libido, c'est le moins que l'on puisse dire.

Le prétendant dit qu'il aime le sacré caractère de Marie-Josée et qu'il trouve qu'elle est très bien pour son âge. C'est vrai que Marie-Josée fait moins que son âge, on le lui dit souvent. Le prétendant l'engueule tous les jours parce qu'elle, elle dit qu'elle se trouve *assez moyenne*, c'est-à-dire pas très belle. Elle *fait avec*, mais tout de même elle aurait bien aimé avoir dix centimètres de plus et être un peu plus fine. Un peu comme cette femme d'une soixantaine d'années qu'elle a vu au loto récemment et qu'elle décrit comme magnifique : fine et élancée, blonde et habillée de blanc, sans un gramme de graisse. Marie-Josée était épatée par sa classe. Elle en est restée bouche bée d'admiration.

Le prétendant est gentil, il lui rend service et se plie en quatre. Par exemple, il lui a acheté un ventilateur parce qu'elle se plaignait de la chaleur. Marie-Josée reconnaît volontiers sa bonne volonté, mais ça n'empêche qu'elle le trouve un peu collant. Il est là tous les matins, voudrait la voir tous les jours, l'appelle tout le temps. Pour Marie-Josée, c'est envahissant, c'est même un peu angoissant. Il est vrai qu'elle n'a pas envie de rendre de comptes et surtout elle ne veut pas être la bo-bonne de qui que ce soit. Parce qu'il y en a pas mal qui lui tournent autour, faut pas croire. Elle a même déjà eu quelques demandes en mariage ! Mais elle a flairé de loin les mauvais maris, ceux qui veulent juste avoir une bonne femme à la mai-son, à leur service particulier. Pour elle, l'homme idéal fait sa vie de son côté et lui laisse sa liberté : il part à la pêche, par exemple, et ils passent un peu de bon temps à l'occasion. Là, son prétendant du moment, elle a l'impression qu'il la couve. Marie-Josée veut bien sortir un peu avec lui, aller au restaurant de temps en temps, mais faire une place à un homme dans sa vie quotidienne, certainement pas. Elle a assez donné. Alors elle ne veut pas être méchante, mais elle supporte de moins en moins la présence du prétendant dans les parages.

Finalement, après quelques semaines, Marie-Josée décou-vrira que le prétendant n'est pas vraiment divorcé, que c'est encore un beau parleur, qu'il est sur plusieurs *coups* à la fois. Comme presque tous les autres hommes que Marie-Josée a connus, il ment et finit par décevoir. Faut pas croire qu'en vieillissant les hommes s'arrangent, conclura Marie-Josée, ils restent les mêmes, voire empirent dans certains cas. Alors elle décidera que c'est terminé, qu'elle ne veut plus entendre parler de cet abruti. Bon débarras !

Marie pleureuse

Lorsque je me rappelle mon enfance, un élément qui me revient toujours très vite en tête c'est qu'à la maison, pour ma mère principalement, j'étais laide. Ça m'est toujours resté. « Tu as un gros nez, tu es grosse ! », c'était le genre de réflexion qu'elle me faisait toujours, depuis l'âge de cinq ou six ans. Mes frères et sœurs embrayaient derrière elle, se moquant le plus souvent de mon nez négroïde, et je finissais toujours par pleurer, si bien que mes surnoms ont longtemps été « Marie pleureuse » ou encore « le saule pleureur ». Je pense que c'est en partie ce qui m'a poussé vers le sport : la volonté de façonner mon corps.

Avec le recul, je pense que ma mère voyait que j'étais la préférée de mon père et que cela l'irritait. On faisait toujours remarquer que je lui ressemblais, que j'avais son caractère. Il était particulièrement fier de moi, fier que je sois comme lui en fait. À l'inverse, nous étions si différentes ma mère et moi qu'elle a toujours eu du mal à me suivre. J'étais un peu rebelle et cela la dépassait, elle qui était toujours soumise, dans le droit chemin. Et puis ma mère n'était pas allée à l'école très longtemps. Dès quatorze ans elle travaillait dans les champs, puis dans le bar-restaurant que tenait sa tante. Moi, très jeune, comme j'étais la plus dégourdie, je l'aidais pour les papiers administratifs. Je pense qu'elle aurait aimé pouvoir faire ça seule, que mon aide la complexait.

C'est des années plus tard, après la mort de mon père, que j'ai compris que ma mère s'était en réalité trouvée rétrécie dans son rôle de maîtresse de maison. J'ai maintenant l'impression qu'elle a passé sa vie à attendre et à craindre les réactions de son mari, avec fatalisme et avec une certaine tristesse. Omar n'était vraiment pas facile à vivre. Il y avait d'une part ses absences répétées et mystérieuses, mais surtout il y avait son tempérament très autoritaire voire parfois violent. Il était très sensible au qu'en-dira-t-on et à l'image de la famille au sein de la caserne où nous vivions et cela pouvait le rendre tyrannique. Pour lui, nous devions tous faire honneur à son statut de militaire en ayant une conduite irréprochable.

Et puis surtout je crois que maman ne s'était jamais remise de la mort de son premier enfant, mon grand frère Hector. Parti en Indochine à l'âge de vingt ans, il n'en est jamais revenu.

Confrontation

Suite à la plainte, les choses n'ayant pas traîné du côté de la gendarmerie, Marie-Josée a été convoquée assez rapidement. Ses amis gendarmes ne lui ont rien caché de l'identité de son agresseur : le jeune homme est âgé de vingt-deux ans, ne parle presque pas français et vit avec sa famille dans un campement de fortune situé à proximité du lieu de prostitution de Marie-Josée.

C'est sans grandes difficultés que les gendarmes l'ont interpellé, à l'appui de la description de Marie-Josée et de la plaque d'immatriculation de sa voiture. Le type n'avait pas mis les voiles, ne s'était pas caché et n'avait même pas cherché à se faire oublier quelque temps. Il continuait à circuler quotidiennement sur la même route, abordant d'autres femmes qui y travaillent comme si de rien n'était, comme si violer une prostituée était autorisé.

Deux semaines environ après l'agression, une confrontation a donc été organisée à la gendarmerie. Un moment très difficile pour Marie-Josée : elle y est allée terrorisée à l'idée de ne pas bénéficier d'un certain anonymat quant à son dépôt de plainte, à l'idée de ne pas être protégée d'éventuelles représailles de la part du *clan* de l'agresseur. Sur le bord de *sa* route, Marie-Josée a déjà eu affaire à des proxénètes roumains, ou roms, elle ne fait pas très bien la différence. En tout cas, elle a très peur de ces mecs d'Europe de l'Est qui, selon ses dires, sont encore plus dangereux et violents que les *proxos arabes* du coin.

Pour se donner du courage, cette fois Marie-Josée a demandé à Laure, l'éducatrice spécialisée qu'elle connaît depuis des années, de l'accompagner. Rentrée de congés et alertée par un message laissé sur son répondeur, celle-ci s'est rendue disponible aussitôt. Elle est passée la chercher, l'a confortée sur le bien-fondé de sa démarche de plainte et l'a escortée jusqu'au sas d'entrée de la gendarmerie. Sa présence n'étant pas autorisée pendant la confrontation, il était convenu qu'elle n'entrerait pas dans le bureau du commissaire mais resterait devant la gendarmerie pour être là à sa sortie. Cette présence à la fois bienveillante et différente de celle d'un proche, à qui manquerait sans doute le recul et le sang-froid que peut avoir la professionnelle, est un soutien précieux pour Marie-Josée.

À son arrivée à proximité du bureau du commissaire, en guise de clan prêt à la vengeance ou aux intimidations qu'elle avait imaginées, Marie-Josée se retrouve confrontée aux parents de son agresseur qui, humblement, la supplient de ne pas déposer plainte contre leur fils. Elle voit leur pauvreté, elle voit la détresse de la mère, sincèrement effrayée à l'idée que son fils aille en prison. Il faudrait donc lui pardonner, se dire que ce n'est qu'une erreur de jeunesse, une pulsion mal maîtrisée? L'espace d'un instant, Marie-Josée est touchée par cette détresse qu'elle connaît bien. Elle est mère elle aussi et elle sait l'anxiété que l'on éprouve devant la menace de l'incarcération de son enfant. Il y a quelques années déjà, l'un de ses fils a fait plusieurs mois de prison pour une affaire de stupéfiants dans laquelle il avait voulu couvrir sa compagne toxicomane. Elle se souvient de l'angoisse qu'elle éprouvait lors de ses visites au parloir. C'est notamment le bruit sourd des clés qui tournent dans les serrures et celui des portes qui se referment qui lui remuaient les tripes. Mais non, cette fois, il s'agit tout de même d'un viol ! De son propre viol ! Alors Marie-Josée serre les dents, serre en même temps son cœur trop grand, et décide qu'elle ira jusqu'au bout de sa plainte.

Dans le bureau du capitaine de gendarmerie, Marie-Josée se retrouve assise sur une chaise, côte à côte avec son agresseur, assis sur une autre chaise et accompagné d'un traducteur. Tous trois font face au capitaine qui demande à entendre chaque version des faits. Marie-Josée raconte à nouveau péniblement ce qu'elle a vécu. Puis c'est au tour du jeune homme de s'expliquer, via son traducteur : il nie tout en bloc, parle d'un malentendu, dit qu'il comptait évidemment la payer jusqu'à ce qu'elle sorte sa bombe lacrymogène. Il dit tout cela poliment, sans sourciller, avec un naturel déconcertant. Il ne colle pas au profil du type impliqué dans les réseaux de prostitution d'Europe de l'Est. Il agit seul, sans réel intérêt financier, sans plan préconçu et visiblement sans la moindre conscience de ses crimes. C'est peut-être juste un fou, se dit Marie-Josée, quelqu'un qui a un trouble de la personnalité ou quelque chose comme ça… Mais il peut très bien faire illusion. Dès lors, c'est sa parole contre la sienne.

Fratrie

À la maison, il y avait le clan des garçons et le clan des filles. Entre les garçons, ça se passait bien et ils sont tous devenus militaires, comme papa. Du côté des filles, c'était plus compliqué. Ma grande sœur Claudie, celle juste devant moi, était très spéciale. Du genre autoritaire et égoïste. C'était tout pour elle, toujours elle d'abord, et nous autres après. Sans que je n'aie jamais compris pourquoi, elle était traitée différemment par mes parents. Par exemple, elle a eu le privilège de pouvoir suivre le cours Pigier, qui à l'époque était réservé aux filles des milieux les plus aisés. Finalement, elle a rencontré un militaire alors qu'elle travaillait comme serveuse dans une base américaine. Ce dernier était accueilli à la maison et devait l'épouser. Hélas elle est tombée enceinte un peu trop vite et son beau militaire américain a disparu de la circulation. On a appris ensuite qu'il était déjà marié aux États-Unis : elle s'était fait piéger. La même histoire est aussi arrivée à une autre de mes sœurs, Aimée, qui avait également travaillé sur cette base américaine. Heureusement pour elle, juste avant que la grossesse ne soit trop visible, elle a réussi à se marier avec un ami d'enfance de la famille, un militaire aussi, qui jusque-là était censé être mon fiancé.

Nous avons toujours vécu dans des logements militaires, en caserne, avec d'autres familles de militaires. C'était de grands bâtiments de plain-pied, faits de pièces assez spacieuses qu'il nous fallait partager lorsque nous n'étions pas en train de jouer dehors. Dans ces logements, je n'avais pas vraiment d'espace à moi. Mais derrière la bâtisse, tout autour, il y avait de grands marronniers. Alors souvent, j'y montais pour y faire ma petite cabane. J'y restais des heures, c'était mon évasion.

Une autre de mes activités préférées à cette époque était d'aller détériorer les jardins des voisins. Enfin, surtout le jardin d'un voisin en particulier, qui n'aimait pas trop les enfants. Il n'aimait déjà pas les siens et encore moins ceux des autres ! Il transpirait la méchanceté. Pour tout dire, cet homme était violent avec ses enfants et très attentionné avec son jardin. Ce contraste était révoltant. Alors, du haut de mon arbre je le guettais et dès qu'il avait le dos tourné, j'exerçais ma « vengeance » : j'allais massacrer les plantations qu'il choyait. Ces actes avaient le pouvoir de le faire rager à un tel point que ç'en était jubilatoire.

À l'âge de neuf ans environ, un jour où j'avais entraîné l'une de mes sœurs avec moi dans une opération vengeance, on s'est fait prendre en flagrant délit de saccage par le voisin. Fou de rage, il nous a couru après et, en sautant un muret pour lui échapper, je suis tombée la bouche la première sur un trottoir et me suis cassée les deux dents de devant. Mon père est arrivé, furieux. Le voisin a accusé ma sœur, parce que j'étais la plus petite. Pour me couvrir, au nom de la sacro-sainte solidarité entre sœurs, Nicole a confirmé que c'était bien son idée. C'est l'état désastreux de ma bouche qui a permis qu'on échappe à une belle correction, mais c'est aussi notre culpabilité avérée qui a permis au voisin de ne pas subir le courroux de mon père.

Globalement, nous étions surprotégés par mon père. Il n'acceptait pas que l'on nous brusque, que qui que ce soit nous malmène. Si quelqu'un nous faisait du mal, il aurait été capable de le tuer, littéralement. C'est pourquoi j'ai parfois évité de lui rapporter certaines affaires qui auraient pu lui déplaire. Mais il y avait une exception pour mon frère Maurice, né un an après moi, que ma mère avait envoyé vivre chez notre grand-mère car elle ne voulait pas la laisser seule. Mon père n'a jamais compris cette décision et considérait la situation comme anormale. On aurait dit qu'il en voulait à mon frère, même s'il n'y était pour rien. Mon pauvre frère, dès qu'il faisait quelque chose de travers, ça valsait! Mon père disait que c'est en le cognant qu'il allait le remettre sur le droit chemin. Et avec les militaires, ça ne rigolait pas : c'était le ceinturon. Il ne frappait pas avec la lanière de cuir, mais bien avec la boucle en métal. Maurice était le seul enfant de la tribu à recevoir des coups. Ça n'empêchait pas que papa soit très sévère et dur avec tout le monde, en particulier avec ses filles. C'est pourquoi la plupart de mes sœurs se sont mariées dès dix-huit ans, pour pouvoir quitter la maison et essayer d'être plus libres.

Souvent, je considère que nous étions deux canards noirs dans la famille : Maurice qui n'était pas très aimé de son père et moi qui n'était pas très appréciée de ma mère.

À l'estomac

Marie-Josée raconte ce qu'est la peur, quand elle prend au ventre. Depuis l'agression, elle a mal à l'estomac dès qu'elle commence à se préparer pour y aller. Se préparer, c'est enfiler sa tenue de travail, se maquiller un peu les yeux et la bouche, arranger ses cheveux courts et crépus. Ses habits sont assez discrets et communs, rien d'extravagant – jupe blanche en tissu stretch et débardeur bleu clair – pourtant ce ne sont pas tout à fait ses habits de tous les jours. Et puis il y a les chaussures. Marie-Josée a remarqué qu'elles ont vraiment leur importance aux yeux des clients : il faut absolument que ce soit des talons hauts. Elle en porte rarement dans la vie de tous les jours, alors pour épargner un peu ses pieds septuagénaires, elle a trouvé un juste milieu entre son confort et les fantasmes masculins en adoptant les semelles compensées. Les clients aiment bien aussi les porte-jarretelles mais, là, Marie-Josée ne cède pas : elle déteste trop porter des bas en été, il en est hors de question. Tandis qu'elle se prépare, donc, la douleur s'installe dans son estomac et ne la lâche plus jusqu'à la fin de la journée.

Quand elle arrive *là-bas*, sur *sa* place, elle n'a plus qu'une idée en tête : pourvu que ça marche. Puis elle ne se dit plus rien du tout, terminé. Elle se déconnecte et attend que ça passe. Ce n'est que lorsqu'elle quitte sa place du bord de route en fin d'après-midi – toujours avant la nuit où ça devient bien trop dangereux – qu'elle commence à aller mieux. Quand elle prend le volant de sa voiture pour rentrer, c'est un immense soulagement. Enfin ses douleurs de ventre s'envolent et la vie reprend.

Heureusement, depuis quelque temps, elle voit chaque semaine la psychologue de l'hôpital avec qui elle peut parler de tout ça, et aussi de plein d'autres choses plus anciennes. Marie-Josée l'aime bien car elle l'écoute avec patience et bien-veillance, sans la juger. Face à son état prononcé de stress, la psychologue l'a d'abord envoyée vers une psychiatre du centre médico-social proche de l'hôpital, afin qu'elle puisse lui pres-crire quelques tranquillisants. Si le Xanax lui a affectivement été d'un grand soutien, Marie-Josée n'a pas du tout apprécié le discours de la psychiatre : celle-ci a tenté de lui faire com-prendre qu'elle ne devait pas s'étonner d'être violée si elle se prostituait sur la route. Cette façon de voir les choses a pro-fondément révolté Marie-Josée qui refuse désormais tout contact avec elle. Le pire, c'est qu'elle a aussi entendu ce dis-cours dans la bouche de sa *copine* Valérie, elle-même ancienne prostituée, qui a évoqué cela comme un *risque du métier* ne jus-tifiant pas un dépôt de plainte. Heureusement, grâce aux mots de soutien prodigués par Laure et par la psychologue, Marie-Josée a réussi à affirmer sa démarche et à lui clouer le bec.

Marie-Josée précise qu'elle n'est jamais allée sur la route de bon cœur. D'ailleurs elle a du mal à comprendre certaines prostituées qui revendiquent aimer le *travail* ou y prendre du plaisir. Ou encore ces clients qui lui demandent si ça lui plaît de faire ce qu'elle fait, de gagner sa vie comme ça. Quelle drôle d'idée ! Pour elle, il est évident que l'argent est la seule moti-vation, la seule raison et le seul bénéfice de cette activité.

Avec tout ça, sur la route, elle n'y va pas très souvent ces derniers temps. Mais aujourd'hui il va bien falloir qu'elle y aille. Et aussi demain et après-demain. Trois jours. Elle a calculé, à partir de son gain journalier moyen, qu'il lui faut trois jours pour obtenir la somme d'argent qu'il lui manque pour tenir jusqu'au mois prochain. Et puis après on verra bien. Bien sûr, des fois ses calculs ne sont pas les bons. Parce qu'il y a des jours où elle rentre *bredouille*, ça arrive. Ces jours-là sont les pires : elle a eu mal à l'estomac pour rien.

Pour les trois jours qui arrivent, il faudra surtout qu'elle fasse attention au soleil qui tape fort ces temps-ci et a même cramé la batterie de sa voiture, dixit le garagiste qui l'a réparée, lui coûtant plusieurs après-midi de *travail*. C'est vrai qu'il n'y a pas beaucoup d'ombre sur sa place et l'asphalte de la route amplifie la canicule. Mais Marie-Josée relativise encore : c'est bon, elle a ce qu'il faut, c'est-à-dire de l'eau et une petite glacière. Parfois, elle s'arme même d'un brumisateur.

Mais c'est vrai que ces derniers temps *la machine déraille*, constate stoïquement Marie-Josée en parlant de son corps, ses douleurs, ses limitations, ses dérèglements. Et encore, comme a dit son docteur, heureusement qu'elle a fait beaucoup de sport dans sa jeunesse ! C'est sûrement ce qui fait qu'elle n'est pas en si mauvais *état* aujourd'hui. Enfin, pas si mauvais pour son âge. Son médecin lui a suggéré de reprendre une activité sportive en milieu aquatique, l'eau permettant de préserver les articulations pour un travail tout en douceur. Elle aimerait bien, mais le problème c'est que c'est trop cher chez le kiné quand on n'a pas de bonne mutuelle. Et se rendre à la piscine municipale, c'est pas possible vu *les zoulous* qui la fréquentent.

Mais ça va aller, car heureusement Marie-Josée sait rebondir dans la vie. Pas comme certaines de ses copines qui *se laissent aller* et se mettent à boire pour oublier leurs tracas. Elle, elle s'oblige à ne pas céder pas à la faiblesse. Elle est intransigeante avec elle-même, ne laisse rien passer, ne se fait pas de cadeaux. Alors elle tiendra le coup, la tête haute, droite dans ses bottes.

Assommoir

Je me souviens du jour où, à l'âge de douze ans, j'ai vu mon père sur le point de battre ma mère pour je ne sais quel motif. C'était la première fois que j'étais témoin d'une de ces scènes, même si je voyais bien que ma mère avait parfois des bleus et quelques bosses dont elle ne voulait pas parler.

Dès que j'ai vu ce qui se passait, j'ai sauté sans réfléchir par-dessus le lit qui me séparait d'eux pour me mettre devant ma mère, face à mon père. Mes frères et sœurs qui étaient là aussi ne bougeaient pas, chacun était comme figé dans son coin par la peur. Dans le feu de l'action, j'ai reçu en pleine tête le coup de poing que mon père destinait à ma mère. J'ai été littéralement assommée.

Connaissant sa force, mon père a eu très peur et craignait que je ne sois tombée dans le coma. Heureusement, j'étais juste sonnée. Quand je suis revenue à moi, j'ai dit à mon père que je me mettrais à nouveau au travers de sa route à chaque fois qu'il voudrait battre ma mère. Je lui ai crié que leurs forces étaient inégales, qu'il pouvait la tuer.

À partir de ce jour, la violence des hommes sur les femmes est devenue quelque chose que je me suis promis de ne jamais subir, de ne jamais accepter. Des années plus tard, la seule et unique fois où mon mari a fait mine de lever la main sur moi, ça n'a pas traîné : je lui ai planté un couteau de cuisine dans le ventre. Pas profondément, il n'a eu qu'une égratignure, mais il a bien compris le message et n'a plus jamais levé la main. Je ne voulais pas être comme ma mère qui subissait sans réagir.

Pour revenir à mon père, il faut aussi savoir qu'il ne tenait pas très bien l'alcool. Certains disent que c'est une question de gènes. Je n'en sais rien, mais en tout cas, après trois bières seulement, il était complètement ivre. À vrai dire il ne buvait pas si souvent, mais ça lui arrivait, en particulier lorsqu'il rentrait de mission. Quand il arrivait à la gare, en général, il allait d'abord au bistrot et ne rentrait à la maison qu'ensuite.

Je me souviens notamment d'un jour où il revenait d'Allemagne. À l'annonce de son arrivée, notre chienne, un berger allemand justement, était allée l'attendre à la gare. Quand elle a vu qu'il était déjà saoul en arrivant, elle est rentrée en trombe se cacher sous la table de la cuisine, apeurée. Nous avons tout de suite décodé le message car les fois où il arrivait sobre, la chienne revenait l'attendre gentiment devant la porte en remuant la queue. Grâce à cette chienne, la maisonnée sut à quoi s'en tenir.

Quand mon père était ivre, il pouvait arriver furieux et tout casser dans la maison. Il massacrait la vaisselle ou jetait les meubles par les fenêtres. Mes frères et sœurs avaient alors une peur terrible car il nous avait imposé un drôle de rituel: une fois calmé, il allait dans sa chambre pour dessoûler et demandait à l'un des enfants de rester en faction devant la porte pour lui apporter *illico presto*, à sa demande, les verres de limonade qui devaient l'aider à dessoûler. Ce moment nous terrorisait tous. Moi, assez vite, j'ai refusé de jouer le jeu. Je lui en voulais tellement d'être bourré que du haut de mes neuf ans, je lui ai répondu un beau jour: « T'es malade ? C'est bien fait !

La prochaine fois, tu boiras pas ! Et puis ta limonade, t'as qu'à te la chercher tout seul ! T'as eu besoin de personne pour boire ! ».

C'est bien parce que j'étais sa chouchoute que je pouvais me permettre de lui parler comme ça, car habituellement nous n'avions absolument pas le droit de lui répondre. Devant mon audace, il est resté stupéfait. Et en même temps ça lui a plu car c'était exactement ce qu'il aurait répondu à ma place.

La mamie du Midi

Depuis la confrontation à la gendarmerie, les choses sont restées en suspens. L'enquête en elle-même est terminée, c'est maintenant à la justice de faire son travail. Certes, le jeune homme n'a plus le droit d'approcher à proximité de Marie-Josée, c'est une protection minimale. Mais il reste en liberté et elle sait qu'il traîne toujours dans les parages. Elle pense même qu'il continue à agresser d'autres femmes du bord de route, deux jeunes Roumaines notamment. Elle l'a découvert en discutant des derniers *faits divers* du bord de route avec elles et reconnaît le jeune homme à travers les descriptions qu'elles en donnent comme à travers le mode opératoire qu'elles décrivent. Toujours ce calme déstabilisant, toujours à dire qu'il paiera après et toujours cette force avec laquelle il plaque les femmes pour les violer. Il faudrait qu'elles aillent porter plainte elles aussi, mais elles n'y vont pas : par peur des représailles, par méfiance envers les gendarmes ou encore par fatalisme quant à leur condition de prostituées.

Alors en attendant la vie continue et les autres vies de Marie-Josée aussi.

Là où elle habite, il y a tous les étés de grandes fêtes traditionnelles durant lesquelles les taureaux courent dans des arènes et les hommes se soûlent sans retenue dans les rues de la ville. Cette fête a attiré l'un de ses petits-fils qui vit dans l'ouest de la France. Avec sa copine, ils sont venus passer quelques jours chez la grand-mère du Midi pour profiter du climat et des festivités. Au programme : plage en milieu d'après-midi, fête toute la nuit, grasse matinée jusqu'en début d'après-midi. Si Manu s'est volontiers laissé embarquer par les jeunes pour jouer les guides, ce rythme n'est pas du tout celui qui convient à Marie-Josée. Ils font du bruit la nuit quand ils sont enivrés, son espace est envahi quand elle se lève, le travail d'intendance domestique est décuplé et tout cela la fatigue. Mais enfin, il faut bien que jeunesse se fasse, comme elle dit, et la visite de ce petit-fils qu'elle voit si rarement lui fait tellement plaisir ! Alors, comme beaucoup de grands-mères, Marie-Josée s'adapte et se plie en quatre pour les recevoir au mieux, pour qu'ils se sentent à l'aise chez elle, pour qu'ils restent aussi longtemps qu'ils le souhaitent.

Le problème, après quelques jours, c'est qu'elle ne peut pas ne pas y aller. Elle a besoin d'argent. Mais comment y aller sans que son petit-fils ne se doute de quoi que ce soit ? Évidemment, il est à mille lieues d'imaginer l'activité que peut avoir sa grand-mère, mais il faut quand même bien qu'elle trouve des excuses pour s'apprêter un peu et s'éclipser tout l'après-midi. Elle se casse un peu la tête pour inventer des rendez-vous et autres obligations, elle qui a perdu l'habitude de rendre des comptes ces dernières années. Surtout, elle ne voudrait pas qu'il passe par hasard devant sa place et la reconnaisse. Il y a peu de chance puisqu'elle travaille plutôt dans les terres et que les vacanciers sont davantage portés sur le bord de mer. Mais quand même, c'est un risque qu'elle ne peut courir. Alors elle adapte ses horaires, file sur place en vitesse alors qu'ils se remettent encore de leur soirée de la veille et revient à la maison plus tôt que d'habitude. Du coup, elle n'a pas le temps de *faire* beaucoup de clients, mais c'est un compromis à peu près acceptable. Et puis Manu la couvre et veille avec elle au maintien du secret.

D'habitude, Marie-Josée assume son activité et répond du tac-au-tac à ceux et celles qui osent le lui demander : oui, c'est bien elle qu'ils ont vue sur le bord de la route, et alors ? Elle ne dit jamais qu'elle se prostitue, ce n'est pas dans son vocabulaire. Elle dit simplement que quand elle a besoin d'argent, elle va sur la route. Point.

Marie-Josée a aussi informé ses fils de son activité, par une lettre envoyée à chacun peu de temps après la mort de sa fille Sylvie en 2006. Mais le dire à ses petits-enfants, non, quand même pas. Surtout celui-là, parce que, s'il savait, dit Marie-Josée, il ne l'accepterait pas, il deviendrait fou. C'est-à-dire qu'il ferait tout pour lui éviter ça et voudrait immédiatement lui donner de l'argent. Et ça, Marie-Josée ne le souhaite pas, pour elle ce serait le monde à l'envers. Elle ne veut pas d'aide financière de la part de ses enfants et petits-enfants : c'est à elle de payer, pas à eux. Elle souhaite pouvoir les accueillir et les gâter comme il se doit et elle vivrait comme une humiliation le fait d'évoquer devant eux ses problèmes d'argent.

Par contre, elle a quand même fini par accepter l'offre de la copine de son petit-fils qui, parce qu'elle est coiffeuse, lui a proposé avant le départ une petite coupe de cheveux gratuite pour la remercier de son hospitalité. Marie-Josée s'est donc fait refaire une beauté à domicile. C'est toujours ça de pris et, sans le savoir, la copine de son petit-fils lui a peut-être bien économisé un après-midi de travail.

École ménagère

Bien que l'on s'y faisait parfois traiter de négresses mes sœurs et moi, j'aimais l'école et jusqu'à l'âge de treize ans j'étais toujours parmi les premières de la classe. Comme toutes les filles, je suis allée ensuite à l'école ménagère qui était tenue par des bonnes sœurs. On y portait la blouse et on y apprenait à coudre et à broder, à nettoyer et à faire à manger : toutes les choses qui étaient alors considérées comme ce que les jeunes filles devaient savoir faire. Moi, j'étais très curieuse de beaucoup d'autres choses et en particulier d'anatomie. C'est plutôt de devenir chirurgien que j'aurais rêvé. Mais comme le disait mon père lorsque j'évoquais ce rêve à haute voix, c'était impossible puisque c'était un métier d'homme.

J'étais très espiègle à cette époque et j'ai fait aux sœurs de sacrés tours comme les enfermer dans leurs grands placards, piéger leurs chaises, les faire tourner en bourrique… En même temps, j'étais un peu rigide sur certains points : je ne supportais pas que l'on mente ni que l'on se défile, par exemple. Je préférais prendre une baffe en assumant mes bêtises plutôt que de me cacher derrière les autres ou en racontant des bobards.

Mon caractère attirait finalement la sympathie des bonnes sœurs. Je me souviens surtout de l'une d'entre elles, sœur Marie-Christine. Elle était grande, mince, avec des lunettes. Je la trouvais un peu maigre, alors je partageais avec elle mon goûter, toujours copieux, l'entraînant vers le péché de gourmandise qui lui était défendu. Et elle me disait constamment de ne pas croire ma mère, mes frères et mes sœurs qui disaient que j'étais laide. Elle me disait au contraire que j'étais la plus belle de la famille. Pratiquement jusqu'à sa mort, elle, qui m'aimait vraiment je crois, est venue chez mes parents demander de mes nouvelles.

Quand j'ai eu seize ans, j'ai demandé à entrer dans une école commerciale dans la grande ville la plus proche, pour devenir comptable. J'ai dû passer des examens car j'étais trop jeune, l'entrée se faisant normalement à dix-huit ans. Comme j'arrivais à suivre, ils m'ont acceptée. J'étais partie pour trois années d'études, à vingt-cinq kilomètres de la maison. Cela me plaisait énormément. Chaque jour je prenais le train pour aller à l'école et c'est comme ça que ce qui devait arriver arriva.

Solde de tout compte

Marie-Josée a trois fils.
Elle a aussi eu deux filles.
Marie-Josée a onze petits-enfants et trois arrière-petits-
enfants.
Elle a déjà perdu trois frères et trois sœurs.
Elle a treize neveux et quatorze nièces.
Marie-Josée a déjà subi vingt-deux opérations.
Dans les six derniers mois, elle a subi deux anesthésies générales.
Son nez a été opéré quatre fois, notamment suite à des
bagarres.
Elle a une prothèse à la hanche.
Marie-Josée a déménagé au moins vingt fois.
Elle a un litige avec son ancien propriétaire qui dure depuis
quatre ans.
Dans sa vie, elle a eu deux chiens et deux chats.
Elle est tombée amoureuse trois fois.
Elle s'est mariée une fois.
Actuellement, elle a deux copines.
Elle est partie en vacances deux fois, avec ses enfants, quand
ils étaient petits.
Elle a eu une dizaine de voitures, dont deux Triumph.
Elle a eu deux ulcères.
Elle ne possède aucun bien immobilier.
Marie-Josée a passé quinze années consécutives à se
prostituer sur le bord de route.

Elle est célibataire depuis seize ans.
Elle est ménopausée depuis vingt-neuf ans.
Elle touche six cent quarante-six euros de minimum
vieillesse par mois.

À la rue

Hiver 1956, dans mon petit village de l'est de la France. J'avais dix-sept ans et demi et j'ai été mise à la porte de la maison par mon père.

Moi je ne savais même pas que j'étais enceinte. C'est la dame qui lavait le linge de la maison qui s'est aperçue que j'avais grossi. « J'ai l'impression qu'elle est enceinte votre dernière… », a-t-elle lâché devant mon père. Quand il s'est tourné vers moi, j'ai vu qu'il allait devenir fou. Moi j'ai immédiatement nié, en toute bonne foi. Pourtant la laveuse insistait, « mais si, regardez, elle a pris du ventre et des côtés… ». Malgré les signes de ma mère qui, anticipant la réaction de mon père, lui indiquait de se taire, elle continuait. « Ah ! Si, si ! Je vous assure monsieur, on dirait bien qu'elle est enceinte… ». Je n'ai pas eu le temps de comprendre ce qu'il se passait que j'étais déjà dehors. En robe de chambre, par quarante centimètres de neige.

Pour la grossesse, je ne m'étais aperçue de rien parce que j'avais encore des saignements réguliers. Et puis il faut savoir que chez nous le sexe était complètement tabou. À la maison, on n'en parlait jamais, d'aucune manière. Il y avait une immense pudeur. Ma mère ne savait presque rien du fonctionnement de son propre corps et de toutes *ces choses-là*, comme elle disait pour ne rien risquer de nommer. Elle avait été élevée dans un milieu d'hommes et tout ce qui relevait de la sexualité était comme hors de son monde, hors de son temps. Par exemple lorsque j'ai eu mes règles pour la première fois, à l'âge de onze ans, elle m'a dit que c'était juste un bobo qui reviendrait tous les mois. Elle me disait de ne pas me laisser approcher par les garçons, mais sans m'expliquer davantage. Mon père, lui, supportait encore moins que l'on puisse évoquer quoi que ce soit qui puisse se rapprocher de la sexualité. Jusqu'au rouge à lèvres qui était tabou. On n'avait pas le droit d'en mettre, bien sûr, mais on n'avait même pas le droit d'en parler. Je me souviens d'une fois où ma sœur avait les lèvres gercées et s'était donc mis du baume à lèvres. Elle en avait choisi un qui était légèrement rosé. Mon père a cru que c'était du rouge à lèvres et il a tellement frotté sa bouche que ses lèvres se sont déchirées. Alors que sa bouche saignait, il l'a forcée à admettre qu'il s'agissait bien de rouge à lèvres.

Dans ce contexte, malgré mes dix-sept ans, je ne savais pas trop comment marchaient *ces choses-là*. Pour moi, c'était de l'algèbre. Ce qui fait que je n'étais absolument pas préparée à ma rencontre avec le sexe opposé.

Celle-ci a pourtant bien eu lieu. J'ai rencontré Fernand au bistrot de la gare. Il était plus âgé que moi et avait l'habitude de fréquenter des femmes mûres. Beaucoup de mes copines cherchaient à se faire remarquer de lui. Moi je n'aimais pas me faire remarquer et je n'étais pas du genre à me mettre en avant. Pourtant c'est vers moi qu'il est venu. J'étais flattée qu'un tel homme s'intéresse à moi.

Fernand était un très bel homme et un bringueur, comme on disait alors. Nous nous sommes fréquentés quelque temps au bistrot de la gare, où j'attendais chaque jour le départ de mon train retour. Et puis un soir on a commencé à faire la fête, il m'a emmenée dans différents endroits et il s'est trouvé que j'ai raté le dernier train. Bien sûr c'était lui qui s'était arrangé pour que je rate ce train. Paniquée, ne parvenant pas à gérer les effets de l'alcool que je découvrais pour la première fois, j'ai d'abord pensé attendre à la gare le premier train du matin. « Mais tu vas quand même pas coucher dehors ! », m'a dit Fernand et il m'a proposé d'aller chez sa mère, où il logeait. À côté de l'appartement, sur le même palier, il y avait une chambre de bonne inoccupée où il a proposé de m'héberger, en tout bien tout honneur. Je n'ai pas pensé un seul instant qu'il viendrait en pleine nuit. Je me suis réveillée le lendemain dans cette chambre que je ne connaissais pas, avec cet homme près de moi, sans avoir vraiment compris ce qu'il s'était passé.

Et c'est donc cette nuit-là qui, quatre mois plus tard, me claquait au nez la porte de la maison familiale. Je n'ai ni pleuré ni protesté. J'ai obéi en me disant que je l'avais bien cherché, et que c'était mérité. Je n'avais qu'à pas rater mon train !

Ma mère n'était pas d'accord avec la décision de mon père mais elle ne faisait pas la loi, elle ne pouvait rien faire. La laveuse par qui le scandale avait éclaté, soudain prise de culpabilité, m'a prêté des chaussures et un manteau. Alors j'ai marché dans la neige pendant trois kilomètres pour aller chez une de mes belles-sœurs dont la mère m'a hébergée quelques jours. Heureusement qu'il y avait la neige ! Sa blancheur donnait une certaine clarté à la nuit que j'ai traversée.

Il était impensable de raconter à mon père comment les choses s'étaient passées, c'est-à-dire à mon insu. S'il avait su la manière dont Fernand s'y était pris, il l'aurait tué. Trop tard pour revenir en arrière, il me fallait donc assumer. Fini les cours de comptabilité qui me plaisaient tant, j'ai été admise dans une maison pour filles-mères.

Carton plein

Marie-Josée est sans nouvelles de la gendarmerie, sans nouvelle de son agresseur, sans nouvelle de sa plainte. Il faudrait qu'elle appelle les gendarmes, il faudrait qu'elle relance son avocat, mais elle repousse en permanence parce qu'elle appréhende. En plus, il y a eu des mutations au cours de l'été et certains de ses interlocuteurs ne sont plus là, ce qui veut dire qu'il faut à chaque fois tout réexpliquer depuis le début. En attendant, Marie-Josée essaie de continuer à vivre normalement. Et dans sa vie, il n'y a pas que la prostitution, il y a aussi le loto.

Marie-Josée y va tous les vendredis soir, parfois aussi les mercredis, et y retrouve ses copines. Ça se passe dans une grande salle des fêtes. Elles sont une dizaine de femmes qui se gardent la place les unes les autres. Il y a aussi de vieux couples qui viennent ensemble. L'ambiance est bonne, les gens font des blagues, discutent. Au loto, tout le monde la connaît et les gens viennent la saluer et l'embrasser à sa table. La plupart savent ce qu'elle fait, puisqu'ils passent sur la route et la voient sur *sa place*. Mais ils l'apprécient quand même et ne lui posent pas de questions. De toute manière ça ne les regarde pas, réaffirme Marie-Josée. Mais elle est contente de constater qu'il y a du respect. Et puis Marie-Josée a une ligne de conduite claire qui lui évite les jalousies : quand elle connaît les bonnes femmes, elle *fait pas* les bonshommes.

Le loto pour Marie-Josée, c'est du sérieux. Quand elle est en forme, elle prend trente-six cartons. Quand elle l'est un peu moins, elle n'en prend que vingt-quatre. Et elle joue pour gagner, c'est pourquoi quand il y a trop de chahut et qu'elle n'arrive pas bien à entendre les numéros, elle peste contre les agitateurs. D'ailleurs elle a déjà gagné pas mal de trucs : des cafetières, un micro-ondes, des filets garnis et le plus souvent, des bons d'achat pour le magasin Auchan.

Marie-Josée a toujours aimé jouer. Sans excès, elle ne mise que des petites sommes et ne s'est jamais laissée prendre par le démon du jeu. Parfois, elle tente sa chance au tiercé, toujours avec les dates de naissance de ses enfants. Idem pour le loto de la Française des jeux, elle joue toujours *ses* dates. Et puis, de temps à autre, ce sont les jeux de grattage. Il lui est arrivé de gagner de belles petites sommes ! Quand elle avait les moyens, Marie-Josée allait même au casino jouer sur les machines à sous, mais toujours en se fixant une certaine limite qu'elle n'a jamais dépassée. Elle a toujours calculé raisonnablement la somme d'argent minimum qui lui était nécessaire pour tenir les jours suivants et n'a jamais empiété dessus.

Aujourd'hui, le loto, c'est aussi une bonne part de la vie sociale de Marie-Josée. Sa bouffée d'oxygène. Elle y va souvent avec Nelly qui est toujours partante, avec son caractère exubérant. C'est une copine, mais Marie-Josée précise qu'elle ne peut pas vraiment en faire une amie car on ne peut pas tellement compter sur elle. Et puis elle connaît tout, elle a tout vu et ça agace Marie-Josée. Son autre copine, c'est Valérie, qui était aussi *du métier* mais qui ne travaille plus, du moins plus sur la route, même si, selon Marie-Josée elle doit bien avoir encore quelques habitués sous le coude. Le problème c'est qu'elle boit un peu trop. Il y a encore une autre copine, infirmière libérale, qu'elle aime bien voir de temps en temps et qui est là en cas de besoin. C'est elle qui fait les piqûres de Marie-Josée quand elles lui sont prescrites par les médecins.

Parmi les personnes que fréquente habituellement Marie-Josée, il y a aussi une famille gitane qu'elle connaît depuis des années et qu'elle aide régulièrement dans ses démarches administratives car ils sont illettrés. Enfin, si elle a besoin de se changer les idées il y a son *fief*, un bar PMU dans un des quartiers où elle a habité précédemment. Quand elle y passe, elle boit un café ou un whisky, selon l'heure, et croise quelques copains de comptoir avec qui discuter et plaisanter. Parfois, il lui arrive même de rentrer un peu *pompette*. Le problème, c'est qu'il y a dans le tas quelques vrais alcooliques et des parents défaillants qui viennent au bar avec leurs gosses, livrés à eux-mêmes et mal éduqués, ce qui en général met Marie-Josée en colère pour plusieurs jours.

Mais le problème ces derniers temps, au loto, c'est que Marie-Josée ne gagne plus grand-chose. Il lui manque toujours un numéro pour faire la quine ou le carton plein. Même la dernière fois, alors que c'était vendredi treize, rien du tout, zéro chance. Alors ces derniers temps, elle se dit parfois qu'elle est maudite ou qu'on lui a jeté un sort. Elle ajoute que de toute façon, depuis la mort de Sylvie, sa fille adorée, tout va mal.

Fille-mère

Je suis restée à la maison pour filles-mères les cinq mois de grossesse qui restait lorsque j'ai su que j'étais enceinte et les quelques semaines qui ont suivi l'accouchement. Là, j'ai vraiment vécu comme une paumée, une pauvresse. Je prenais la vie au jour le jour, je n'avais ni projet ni rêve. On nous suggérait fortement de faire adopter notre enfant, mais pour moi il a tout de suite été clair que je voulais le garder avec moi. Certes, je n'avais pas demandé à l'avoir, mais puisqu'il était là, hors de question de l'abandonner.

La maison pour filles-mères se présentait en réalité comme une infirmerie. Nous étions une quinzaine de jeunes filles dans un même dortoir. Nos lits étaient séparés par de grands draps blancs faisant office de paravent. On s'accordait plutôt bien entre nous, il le fallait bien. Je me souviendrai toujours d'une petite de treize ans qui était avec nous et attendait des jumeaux. Elle était enceinte de son beau-père.

Pour occuper nos journées, on faisait de la couture et on reprisait les draps et les taies d'oreiller de l'hôpital adjacent. On ne pouvait pas sortir de l'établissement sans autorisation puisqu'on était mineures : il fallait que les parents viennent nous chercher. Au départ, seule ma mère savait où j'étais et elle venait régulièrement me rendre visite. Nous sortions ensemble en ville et allions faire des emplettes dans les magasins. C'étaient de bons moments ensemble comme je n'en avais jamais connu avant. Mais on ne parlait pas du bébé.

Ferdinand, le père de l'enfant, faisait alors son service militaire en Corse. À l'annonce de ma grossesse, il m'a promis qu'on allait se marier. Pour cela, je devais aller trouver sa mère pour récupérer le livret de famille afin d'organiser le mariage. Mais rien ne s'est passé comme prévu. Lorsque je suis arrivée chez elle, elle a catégoriquement refusé. « Je ne passe pas mon livret de famille à une Noire », m'a-t-elle dit. J'étais parmi les peaux les plus claires de ma famille, mais aux yeux des Français de l'époque, nous étions tout de même des Noirs. Quand Ferdinand est rentré de permission, il a vaguement essayé de défendre notre projet de mariage face à sa mère. Elle nous a répondu qu'elle-même avait élevé son fils seule, et que je n'avais qu'à faire de même. Nous nous sommes mariés malgré tout, avec une dispense. Mais quelque temps après le mariage a été annulé, à défaut de vie commune : il était reparti en Corse dans l'armée et moi j'étais restée dans l'Est. Puis Ferdinand a disparu de la circulation. Le lien a été coupé du jour au lendemain et même si, je crois, il a vécu toute sa vie à vingt-cinq kilomètres de son fils, on ne l'a jamais revu et je ne sais pas du tout ce qu'il est devenu. Il n'a jamais reconnu l'enfant. Moi, je me suis fait une raison, fallait bien. J'ai simplement pris les choses comme elles étaient.

Un jour où ma mère était venue me rendre visite et que nous faisions des courses en ville, mon père nous a aperçues depuis le trottoir d'en face. Le soir même, il m'a demandé de rentrer à la maison. Par orgueil, j'ai refusé. Il me faisait alors passer des cadeaux par ma mère : une robe de grossesse par-ci, des friandises par-là… Il ne venait pas me voir à l'hôpital mais je savais qu'il accompagnait ma mère et que lorsque nous nous promenions dans les rues, il n'était jamais bien loin.

Un mois avant l'accouchement, j'ai eu une pyélonéphrite carabinée. Ça faisait très mal et je ne pouvais pas prendre de remède à cause du bébé. Alors, je passais mon temps à chercher une position pour me soulager, en coinçant des oreillers derrière mon dos, mais il n'y avait rien à faire, je souffrais terriblement. L'accouchement a été très long et très douloureux. Je n'y étais pas du tout préparée, mais comme on disait à l'époque : « Il est rentré, faut bien qu'il sorte ! ».

Mon fils est né à l'automne 1956. Je l'ai appelé Arnaud. Il est tout de suite allé dans une nurserie, je ne l'ai vu que quelques jours plus tard car on devait d'abord soigner ma pyélonéphrite. Une fois rétablie, j'ai pu récupérer mon petit. Quand je l'ai vu pour la première fois, je l'ai tout de suite trouvé très beau. Le portrait craché de son père.

Quand mon père à moi a su que c'était un garçon, il a redoublé d'insistance pour que je rentre à la maison. Mais pour moi c'était hors de question, je ne voulais pas capituler. Alors qu'Arnaud avait deux mois, j'ai pris contact avec ma sœur aînée, Solange, qui vivait à Paris et nous avons convenu que je pourrais habiter quelque temps chez elle et chercher un travail. Je suis passée par chez mes parents quelques jours, sans leur parler de mon projet de départ. Mon père a commencé alors à dire que tout était sa faute, qu'il avait été trop absent et n'avait pas pu nous éduquer correctement. Il avait donc fini par se sentir responsable de ma situation et était très heureux de connaître son petit-fils. Mais pour moi, c'était trop tard.

Concurrence

L'été touche à sa fin. En ce moment, Marie-Josée va travailler trois à quatre après-midi par semaine. Mais c'est difficile. Notamment parce qu'il y a les Roumaines qui sont là, un nouvel arrivage, comme elle dit.

Concernant ces jeunes femmes roumaines, Marie-Josée est partagée. D'un côté, elle sait qu'elles ne travaillent que rarement à leur compte, qu'elles sont exploitées par des proxénètes parfois sans pitié. D'ailleurs elle les voit les déposer, elle les voit passer, elle les voit récupérer l'argent, elle les voit ramasser les filles en fin de journée. Elle sent que certaines ont peur, qu'elles n'ont pas le choix. Elle sait que les filles ne repartent pas tant qu'elles n'ont pas fait assez de clients. Elle est aux premières loges du tout ce manège.

Mais de l'autre côté, ce que constate aussi Marie-Josée, c'est que les Roumaines n'ont aucun respect pour elle et pour les *codes du métier*. Son premier grief, c'est qu'elles viennent sur sa place en son absence. Et ça, explique Marie-Josée, normalement ça ne se fait pas, mais alors pas du tout. C'est interdit ! Son deuxième grief, c'est qu'elles salissent l'espace en jetant leurs déchets partout, y compris les préservatifs usagés, sans égard pour la population ni pour l'environnement. Marie-Josée, elle, veille toujours à garder *son coin* propre. Parfois, elle se munit même des sacs-poubelles et prend le temps de nettoyer *sa* place en bord de vigne, ramassant les déchets laissés par les autres. Ça la met en rage de faire ça à leur place, mais en même temps ça lui semble nécessaire : c'est tout de même son espace de travail ! Déjà que les femmes qui *bossent* sur le bord de la route sont déconsidérées, si en plus les lieux où elles attendent les clients deviennent des déchetteries, on s'en sort plus peste Marie-Josée. Elle ajoute qu'elle-même a vécu dans la misère à certains moments de sa vie mais que ça n'est pas une raison pour *être sale*. Son troisième grief à l'égard des jeunes femmes roumaines concerne les tarifs que certaines pratiqueraient à la baisse, flinguant le commerce de Marie-Josée : concurrence déloyale. Enfin, le quatrième grief concerne l'absence de discrétion. Il y en a qui se baladent les fesses à l'air dit Marie-Josée, sans aucune pudeur, sans se soucier des enfants qui pourraient passer et les voir. D'ailleurs, elle en a déjà rhabillé plus d'une. L'autre jour, il y en avait même une qui faisait les clients dans l'herbe, à même le sol. Pour Marie-Josée, ces pratiques sont dégradantes, inconcevables. Ça la choque. Là aussi, c'est très néfaste pour l'image et en plus ça attire les mauvais clients, ceux qui se croient tout permis, ainsi que les voyeurs qui essaient de se rincer l'œil gratos. Ça attire *les problèmes*, de plus en plus de problèmes.

À la capitale

Après la naissance d'Arnaud, je lui ai rapidement trouvé une nourrice près de chez mes parents et, sans rien leur demander, je suis partie pour Paris. À mon arrivée, ma sœur a appelé mes parents pour leur signaler que j'étais chez elle : ils se retrouvaient devant le fait accompli. Solange était mariée avec un ingénieur, un gars bien, qui m'a encouragé dans les études. Il me connaissait depuis longtemps déjà et lors de leurs passages à la maison, il lui arrivait de superviser mes devoirs d'écolière. Le couple avait deux enfants dont j'étais très proche, en particulier ma nièce pour qui j'étais une confidente. Il aurait été difficile, à cette époque, de prédire que leur parfaite vie de famille tournerait au fiasco quelques années plus tard suite aux départs soudains de Solange qui, sur un coup de tête ou à cause d'un coup de trop, suivait ses amants de passage aux quatre coins de France.

Huit jours après mon arrivée à Paris, j'ai trouvé un travail. Celui-ci consistait à agrafer à la chaîne des romans à l'eau de rose. Par la suite, j'ai poursuivi dans la reliure, l'imprimerie, la restauration, les bars… C'est une époque où j'ai fait beaucoup de choses différentes, connu pas mal de métiers. Parallèlement, j'essayais d'aller au cours du soir pour obtenir un brevet de commerce. Je suis restée chez ma sœur quelques mois, jusqu'à ce qu'une autre de mes sœurs, Claudie, n'arrive à son tour et prenne ma place chez eux. Pour une raison que j'ignore, Claudie passait toujours devant les autres frères et sœurs et en particulier devant moi. Aux yeux de tous, elle était *l'intelligente* de la famille, celle qui irait loin. Alors Solange m'a dit qu'il n'y aurait pas assez de place pour nous deux, qu'il allait falloir que je me trouve quelque chose. Mon beau-frère, qui prenait toujours ma défense, n'était pas d'accord. Mais pour Solange, c'était comme ça et pas autrement : Claudie était prioritaire et moi je devais me débrouiller par moi-même. C'est ainsi que je me suis à nouveau retrouvée à la rue.

J'avais fait connaissance avec un collègue de travail à la reliure, un Turc. Il était gentil et serviable alors je lui ai fait confiance. Petit à petit, nous avons commencé à avoir une relation, à passer de bons moments. Quand ma sœur m'a demandé de partir, je lui ai parlé de ma situation et il m'a proposé de venir chez lui, dans son bidonville. Il vivait seul, dans une baraque accolée à d'autres baraques où habitaient d'autres Turcs. C'était rudimentaire mais propre. Il y avait quelques femmes, des familles et un esprit de solidarité. C'était une époque particulièrement difficile pour moi et j'ai parfois dû fouiller les poubelles pour trouver de quoi manger. J'ai vécu là entre cinq et six mois et me suis très vite retrouvé enceinte. On a d'abord essayé de faire passer le bébé avec des méthodes traditionnelles, des recettes de sorcières turques que je ne connaissais pas. Je me laissais guider par les femmes de son entourage. Je me souviens que je devais mettre les pieds dans un mélange d'eau et de farine de moutarde plusieurs fois par jour. Évidemment, ça n'a pas marché. Je constatais, impuissante que mon ventre commençait à s'arrondir. C'est vers ce moment-là que j'ai appris que mon Turc était déjà marié et qu'il avait je ne sais combien d'enfants au pays : c'était le père d'une famille nombreuse.

Pour moi, c'était clair que ce ne serait pas possible. Déjà, je lui en voulais de m'avoir menti sur sa situation. En plus, pas question pour moi de prendre le risque de briser une famille. Alors, tout en cachant ma grossesse et en continuant à travailler à l'imprimerie, j'ai commencé à chercher une échappatoire.

Grâce à une petite annonce, j'ai réussi à me placer dans une famille bourgeoise qui cherchait des employées. En cachant ma grossesse, j'ai tout de suite été recrutée comme nounou. J'ai prévenu Solange, posé ma démission à l'imprimerie et, sans rien dire au père de l'enfant que j'attendais, je suis partie à Arcachon avec mes nouveaux employeurs. Ils y avaient une résidence secondaire en bord de mer dans laquelle ils passaient le printemps et l'été. C'était la première fois que je voyais l'océan.

Les enfants que je devais garder étaient déjà grands mais ils étaient horribles. Ils me donnaient des ordres et me traitaient de bonniche à longueur de journée. Après quelques semaines, c'est la cuisinière attitrée, qui suivait la famille depuis plusieurs années, qui s'est aperçue la première de mon ventre rebondi. C'est elle qui a expliqué ma situation aux patrons. Ils m'avaient à la bonne donc ils ont été plutôt attendris par mon histoire et m'ont dit de ne pas m'en faire. Ils ont même proposé d'adopter l'enfant. Au départ, je n'étais pas contre, c'était plutôt une aubaine. Faut dire qu'ils étaient vraiment riches, le père était un grand ingénieur, l'enfant n'aurait manqué de rien. Je me disais qu'il aurait une meilleure vie qu'avec moi qui n'avait pas grand-chose à lui offrir.

Vers le milieu de ma grossesse, à nouveau, je me suis retrouvée dans une maison pour filles-mères de Bordeaux. Celle-ci était tenue par des sœurs et nous y étions des dizaines de jeunes filles. Nos grossesses étaient suivies mais en contrepartie on avait des corvées importantes, comme nettoyer les pavés de la cour ou passer la serpillière dans d'immenses couloirs. À l'automne, tandis que la famille remontait à Paris, j'ai mis au monde une petite fille. Ça a été un accouchement très difficile car elle s'est présentée par le siège. Pour les bonnes sœurs, je devais accepter de souffrir : c'était le prix à payer pour avoir goûté au fruit défendu sans être mariée.

C'est après la naissance que j'ai changé d'avis quant à l'adoption, je ne sais plus très bien pourquoi. Disons que c'était ma fille, quand même, et qu'il m'est apparu comme une évidence de la garder avec moi. Elle était très typée et me ressemblait beaucoup. J'ai décidé de l'appeler Chantal, comme ma petite sœur qui n'avait pas survécu à sa gastro-entérite. Une bien mauvaise idée. Je n'ai plus donné signe de vie à la famille qui voulait l'adopter et, après quelques mois, je suis repartie à Paris avec mon bébé sous le bras.

Dans ma famille, personne ne savait que j'avais eu cette enfant. Depuis mon départ pour Paris, nous ne nous parlions plus trop. Je donnais quelques nouvelles à ma mère mais je ne lui parlais jamais du bébé. Pour moi, il était alors impossible d'affronter à nouveau mon père et sa désapprobation. Je me disais qu'il m'avait pardonné pour Arnaud, mais que cette fois ça ne passerait pas. Chantal était mon secret.

Arrivée à Paris, j'ai pris une chambre en hôtel meublé, dans le 18e. J'ai vite sympathisé avec les gérants de l'hôtel, un couple de Suisses. La dame, qui ne pouvait pas avoir d'enfant, s'est prise d'affection pour Chantal et s'en est occupée. Cette femme a été comme une grande sœur pour moi. Plus tard, elle est même devenue la marraine de ma fille Sylvie.

Nous étions en 1958, je n'avais pas encore vingt ans, et déjà deux enfants sans père. J'ai trouvé une nourrice pour Chantal et je me suis mise à travailler en intérim dans des bureaux, en tant qu'employée administrative. C'est à peu près à la même époque que j'ai rencontré Pierrot, celui qui allait devenir mon mari et le père de mes trois autres enfants.

Au départ, j'étais amie avec son frère, Albert, et nous participions ensemble à des concours de danse. À cette époque, on échangeait facilement avec les personnes qui fréquentaient les mêmes lieux que nous et des couples de danseurs se formaient, en tout bien tout honneur, pour concourir. Un soir, au dancing, Albert est arrivé avec Pierrot qui rentrait de son service militaire en Afrique. Il était grand et fort, bronzé, avec les yeux bleus et les cheveux blonds. En fait, il ressemblait à Johnny Hallyday, à tel point qu'il n'était pas rare que des gens l'interpellent dans la rue pour le lui dire, voire pour lui demander des autographes. Pour moi, ça a été le coup de foudre, même s'il dansait comme une casserole. On a commencé à se fréquenter et on s'est très vite installés ensemble, en banlieue parisienne. À la fin de son service militaire, il est devenu carreleur, comme l'était déjà son père. La vie à deux était très agréable à ses débuts. J'ai présenté Pierrot à ma famille et il a tout de suite été accepté. Mon père était content que je me case enfin. De toute façon j'étais amoureuse et, à ce moment-là, je ne me préoccupais plus vraiment de son avis. Personne n'aurait pu m'empêcher d'être avec Pierrot. Ce dernier a accepté sans problème l'existence d'Arnaud et de Chantal et il a même proposé que l'on se marie. Bizarrement, je ne voulais pas. Le mariage me faisait peur, je ne me sentais pas encore prête.

Sans que ce soit programmé, Sylvie est arrivée à l'automne 1959, puis Philippe a suivi à l'automne 1960. Deux accouchements par césarienne. C'est lors de la grossesse de Sylvie que j'ai enfin parlé de Chantal à mes parents : elle avait déjà deux ans. C'était une enfant très timide mais souriante et dégourdie. Une fois devant le fait accompli, ils ont pensé qu'il valait mieux la mettre avec Arnaud, chez la nourrice qui vivait dans le village voisin du leur. Mais cette dernière commençait à être âgée et environ un an après, elle m'a demandé de trouver une autre solution pour Chantal. Comme elle gardait Arnaud depuis qu'il avait deux mois, il ne lui était pas concevable de s'en séparer, mais avoir deux enfants petits la fatiguait trop. Dans l'urgence, j'ai donc trouvé une autre famille d'accueil pour Chantal en banlieue parisienne, plus loin de mes parents mais plus près de moi. Quand Sylvie et Philippe sont nés, ils sont aussi allés chez cette nourrice. Je passais les voir tous les week-ends et nous retrouvions Arnaud lors des vacances.

Un jour, on m'a appelé en urgence pour me dire qu'il y avait un problème avec Chantal, alors âgée d'un peu plus de trois ans. Quand je suis arrivée sur place, j'ai compris qu'elle était tout simplement morte. Personne ne savait m'expliquer ni pourquoi ni comment. Suite à l'enquête, il s'est avéré qu'elle avait été victime de mauvais traitements de la part de la famille d'accueil. On a notamment retrouvé des brûlures de cigarettes sur son corps. La fille du couple nourricier, une attardée mentale âgée de vingt-quatre ans, avait fini par dénoncer ses parents maltraitants. Moi je ne m'étais doutée de rien. Quand je passais les voir, ils étaient courtois, et accueillants. J'étais en toute confiance, à mille lieues d'imaginer qu'il leur était possible de commettre des choses pareilles. D'après l'enquête, Sylvie et Philippe n'avaient été, pour leur part, victimes d'aucun mauvais traitement. Il y a des chances pour que Chantal ait été maltraitée en raison de la couleur de sa peau, parce qu'elle était à moitié métisse et à moitié turque.

Le choc a été immense. Je me suis retrouvée comme anesthésiée. Nous avons enterré Chantal à Paris, en petit comité. Il y a eu ensuite un procès terrible, que j'essaie encore d'oublier. Jusqu'à aujourd'hui je m'efforce de ne plus jamais repenser à cette histoire sordide, à cette courte et triste vie que Chantal a connue, aux regrets que j'ai de ne pas avoir laissé la riche famille l'adopter. Heureusement, j'arrive assez bien à ne pas ressasser cette affaire. Mais le fantôme de Chantal reste enfoui, quelque part en moi. Bien sûr, si j'avais pu savoir ce qui se passerait, j'aurais fait d'autres choix pour elle.

Je n'avais pas le temps de m'arrêter sur ce deuil parce qu'il y avait les autres enfants à gérer. Alors j'ai continué à fonctionner, à travailler, à essayer d'avancer. Je me suis recentrée sur ma vie professionnelle : il fallait que ça décolle un peu. Pierrot travaillait sur les chantiers et gagnait correctement sa vie. Je me suis donc inscrite aux cours de dactylographie à l'école Singer, qui était alors l'école où il fallait aller. Tout ce que je voulais, c'était trouver une bonne situation et pouvoir vivre tranquille.

Corps défendant

Marie-Josée parle peu de ses clients. Mais il ne faut pas croire qu'il n'y a que *des vieux* qui viennent la voir. Au contraire, elle a plutôt du succès avec les jeunes. Il y en a certains qu'elle a connus tout juste majeurs, qui d'ailleurs semblaient rassurés par son âge avancé et par la dimension maternelle que cela lui confère. À croire que *ça les change* davantage de leurs compagnes habituelles. Ou bien ça diminue la pression quant à leur performance? Ouvriers, fonctionnaires, chefs d'entreprise, représentants… Marie-Josée en voit de toutes sortes et de toutes les couleurs. Il y a certains clients qui viennent en pointillé ou plus régulièrement, d'années en années, ce qui permet à Marie-Josée de suivre un peu l'avancée de leurs vies d'homme: ils lui parlent de leurs petites amies, lui annoncent leur mariage, puis l'arrivée de leurs enfants. Quand ils ne sont pas si bavards, la présence de sièges-autos dans la voiture, témoins impassibles des passes qui s'y déroulent, suffit à comprendre les étapes que les jeunes hommes franchissent. Souvent, vient ensuite un divorce, parfois un remariage, *et rebelote*…

Dans un autre genre, Marie-Josée évoque aussi un client plus âgé, le *gaga* comme elle le surnomme. Un cœur d'artichaut qui, depuis des années, la paie régulièrement pour discuter de ses problèmes, juste discuter. Le cas est rare, alors Marie-Josée l'écoute patiemment évoquer ses déboires affectifs et le rassure autant que possible, même si elle n'en pense pas moins.

Après trois quarts d'heures environ, elle le renvoie gentiment chez lui, faut quand même bien laisser la place aux autres.

Nombreux sont les clients qui viennent se consoler d'une rupture ou d'un divorce dans la Renault 5 de Marie-Josée. Ils se plaignent à ses oreilles de leur femme sans cœur ou qui ne sait pas y faire. En souffrance ou en colère, ils se victimisent le plus souvent. *Ah! Les hommes!* Marie-Josée s'étonne toujours de leur nombrilisme et souvent elle ne peut s'empêcher de penser qu'ils n'ont que ce qu'ils méritent : comment leur couple pourrait-il se porter bien alors même qu'ils vont voir des prostituées dans le dos de leurs femmes ? Une sorte d'infidélité qu'elle trouve humiliante et qu'elle-même n'accepterait jamais de la part d'un homme. C'est vexant, trop synonyme d'insatisfaction. Alors parfois, ça lui échappe, sa franchise naturelle prend le dessus et elle ne peut s'empêcher de renvoyer certains clients à leurs contradictions ou à leurs responsabilités. Ils s'étonnent de ce franc-parler, généralement l'apprécie, mais ils restent égaux à eux-mêmes et rien ne change : ils continuent de vouloir *le beurre et l'argent du beurre*. Observant de loin en loin ces tranches de vie d'hommes qui passent, Marie-Josée a souvent l'impression que ses clients vieillissent plus vite qu'elle. Et ça, ça lui fait plaisir.

Par contre, il y a plusieurs choses que Marie-Josée ne supporte pas. La première, c'est qu'un client essaie de l'embrasser. *Ça c'est dégueulasse.* C'est d'ailleurs pour cette raison qu'elle n'a pas aimé travailler en bordel, parce que là il faut souvent embrasser les clients, tous les clients. Et leur faire croire qu'on aime ça. Pour elle, c'est *hors de question*. Ensuite, Marie-Josée n'aime pas qu'on la touche. Pas le sexe, pas les seins, et surtout pas le visage. Elle a déjà du mal à le supporter dans la vraie vie, de la part des hommes avec qui elle vit, alors elle ne va certainement pas laisser les clients faire. Elle dit qu'elle n'est peut-être pas normale, peut-être trop sensible, mais elle ne supporte pas qu'un type lui touche le visage. Ou les cheveux. Ou les oreilles. Les oreilles c'est le pire ! Ces clients tordus qui veulent absolument lui lécher l'oreille, une *sale manie*. La langue dans les oreilles, c'est le cauchemar. Marie-Josée explique aussi qu'elle fait toujours attention à garder le corps des clients le plus loin possible du sien. Elle veille aussi à se tenir éloignée au maximum des odeurs. Il faut être en permanence sur ses gardes pour ne pas se laisser enserrer et pour recadrer ceux qui veulent tenir sa tête dans leurs mains pendant *l'action*. Il faut être toujours à l'affût des gestes dangereux. Elle sait qu'elle doit essayer de ménager son corps *plus tout jeune*, alors elle préfère attendre dans sa voiture et ne rien faire de la journée que de céder à ces demandes. Les habitués sont au courant et connaissent ses règles, mais aux nouveaux elle doit toujours annoncer d'entrée que tout n'est pas permis. Pas les doigts, pas de sodomie, pas de levrette, ou de *brouette*, comme ils disent. Ceux qui demandent des prestations particulières, c'est non. Ceux qui demandent qu'elle lève sa jupe pour voir *la marchandise* avant de payer, c'est non. Ceux qui essaient de négocier les prix, c'est non. Ceux qui, parce qu'ils ont payé une fois, demandent ensuite des *petits services* à l'œil, c'est non. Ceux qui sont sales ou transpirants, c'est non. Évidemment, ça arrive très souvent qu'un client veuille la *tripoter*, mais c'est hors de question : c'est elle qui fait *les choses*, eux, ils se laissent faire, ils ne bougent pas. À prendre ou à laisser. Sinon *c'est la porte ouverte,* il n'y a plus de limites, plus de respect : *la spirale infernale*.

La dernière fois qu'un client a essayé de lui lécher l'oreille, elle lui a immédiatement balancé une grosse claque, par réflexe. Il doit pas être rancunier, ironise Marie-Josée, parce qu'il est revenu la semaine suivante.

L'âge d'or

La meilleure période de ma vie ça a été à partir de 1962, quand j'ai commencé à travailler chez un éditeur de disques à Montparnasse. C'était une nouvelle ère qui s'ouvrait à moi : j'avais une place importante que j'avais construite par moi-même, au culot.

Le directeur de l'école Singer que je fréquentais depuis quelques semaines me trouvait dégourdie et m'avait parlé d'une place de chef de bureau avec une équipe de huit personnes à former et à diriger. Je commençais à peine mais il me sentait capable alors il m'a présentée. Lorsqu'ils m'ont demandé si je savais taper à la machine, j'ai bluffé en affirmant que oui. Ils m'ont donné rendez-vous pour passer des essais. Alors je me suis entraînée d'arrache-pied, en me dessinant un clavier en papier sur lequel exercer mes doigts chaque jour. Suite à l'essai, j'ai été recrutée. J'étais aux anges. Enfin un vrai travail et en plus il me plaisait !

J'aimais être dans mon bureau avec mes employées, même si certaines n'appréciaient pas toujours d'être dirigées par une femme plus jeune qu'elles. Je les formais en tant que mécanographes facturières. À l'époque, les premiers ordinateurs fonctionnaient avec des bandes perforées que l'on mettait dans des gros bahuts qui nous sortaient ensuite des factures, des tableaux comptables ou des fiches de paie. Parfois, quand les machines tombaient en panne, j'arrivais à trifouiller dedans pour les réparer moi-même. Le jeu, c'était d'arriver à les remettre en état avant que le réparateur n'arrive, pour le faire bisquer.

Après quelques mois, j'ai réussi à faire embaucher ma sœur Solange, qui était alors en instance de divorce. C'était marrant de me retrouver chef de ma grande sœur et je n'étais pas tendre avec elle ! Mais elle a vite progressé elle aussi et quelques années plus tard elle est devenue chef de bureau à son tour.

C'était les débuts du microsillon, les prémices de l'industrie du disque et ma boîte d'édition se lançait dans l'aventure. Les artistes apparaissaient dans les bureaux, je devais recevoir les clients importants et je faisais parfois visiter Paris aux grands disquaires de Province qui étaient de passage. C'était vraiment une belle époque pour moi, durant laquelle je suis beaucoup sortie. Nous fréquentions des grands restaurants, des bateaux-mouches ou d'autres beaux endroits. En travaillant là, je me suis liée d'amitié avec quelques artistes dont certains sont devenus très célèbres.

Pierrot commençait à être jaloux. Moi pourtant, je n'avais d'yeux que pour lui. On a eu envie d'avoir un dernier enfant mais, lassée de mes césariennes systématiques, je m'étais fait ligaturer les trompes après la naissance de Philippe. J'ai donc fait une opération pour les remettre en place et, à la surprise générale, ça a marché. Sur les conseils de mon beau-père, Pierrot et moi nous sommes finalement mariés en 1964, au début de la grossesse. C'était un mariage très simple, à la mairie de la ville de banlieue où nous habitions alors. Il y avait ma belle-famille au complet et, de mon côté, seuls Solange et mon père, venu à Paris pour l'occasion, étaient présents. Ils ont été mes témoins. Au passage, Pierrot a reconnu Arnaud comme l'un de ses enfants, lui permettant de porter le même nom que ses frères et sœurs, au grand désarroi de mon père qui aurait voulu qu'il conserve le sien.

Nicolas, le petit dernier, est né à l'été 1965. À la fin de la même année, Pierrot et moi nous séparions. Plus exactement, nous commencions à nous séparer car le processus allait être long et difficile : le divorce ne serait officiel que quatre ans plus tard.

C'est que, tandis que je m'épanouissais dans mon travail, mon Pierrot a fait des mauvaises rencontres et il a mal tourné. Il est entré dans des combines, je ne sais pas exactement lesquelles. Ça a été des mois et des mois de mensonges. Ma voisine de palier gardait alors nos enfants et c'est elle qui, un beau jour, m'a tout raconté. En fait, il faisait mine de partir travailler le matin puis, une fois que j'étais partie, il revenait à la maison, souvent en y amenant d'autres personnes, des hommes louches ou des femmes. Il découchait régulièrement aussi, prétextant des déplacements professionnels pour différentes boîtes de bâtiment avec lesquelles il était censé travailler. En menant l'enquête, j'ai découvert que tout était faux : soit les entreprises dont il me parlait n'existaient pas, soit elles n'avaient jamais entendu parler de lui. J'ai ainsi compris qu'il vivait à mes crochets depuis des mois. Mais mon salaire n'était pas suffisant et nous avions commencé à avoir des dettes de loyer et des factures impayées. En fouillant encore un peu, j'ai trouvé la photo d'une femme en tenue légère dans l'un de ses blousons. D'abord, j'ai cru que ce n'était qu'une photo comme ça, mais j'ai vu ensuite l'adresse écrite au dos. J'ai montré ça à mon beau-père, dont j'étais très proche à l'époque, et on a décidé d'aller voir ensemble ce qu'il en était. Quand nous sommes arrivés à cette adresse, la femme en question a confirmé qu'elle fréquentait Pierrot depuis plusieurs mois. Je suis tombée des nues. Je lui ai alors dit que j'étais sa femme et que nous avions quatre enfants. À son tour, elle a été très étonnée de découvrir la vérité sur son amant.

À la demande de mon beau-père, je n'en ai pas parlé à Pierrot en rentrant et le soir même nous sommes allés manger chez eux. Une fois sur place, mon beau-père a sorti la photo, raconté ce que nous avions découvert dans l'après-midi et demandé des explications à son fils. Pierrot tentait de nier, de minimiser son incartade. Son père est devenu fou de rage et a commencé à lui mettre des claques. Pour lui, chef de famille italien et garant des valeurs traditionnelles, c'était inacceptable. Moi j'assistais à la scène sans bouger et sans rien dire, dépassée. Finalement mon beau-père a mis Pierrot dehors. Et je suis rentrée avec lui, puisque j'étais sa femme. De retour chez nous, nous avons eu une grande discussion durant laquelle il a fait toutes les promesses de circonstances : il allait la quitter, se remettre à travailler et se tenir à carreau. Alors j'y ai cru et je lui ai laissé une seconde chance.

Mais quelques semaines plus tard, alors que je rentrais à la maison plus tôt que prévu, je l'ai trouvé dans le salon avec une femme très jeune, dix-sept ans tout au plus. Il l'avait mise enceinte. Là, c'en était trop. Il ne s'agissait plus d'un dérapage, mais bien des habitudes d'un coureur de jupon qui avait bien caché son jeu. J'étais dans une colère noire. J'ai mis Pierrot dehors et raccompagnée la jeune fille chez ses parents. Ces derniers connaissaient Pierrot qui leur avait même fait des promesses de mariage. Encore une fois, personne n'était au courant de mon existence. Il m'avait trahie malgré la deuxième chance que j'avais accepté de lui donner. Cela aurait dû être le coup de grâce instantanément mais en même temps, je n'arrivais pas à me résoudre à l'idée d'un divorce. Comme si j voulais absolument faire tenir mon mariage.

C'est grâce à mon beau-père, parce qu'il a insisté, que j'ai quitté Pierrot. Sans lui, j'aurais pu continuer à pardonner et à espérer, encore et encore. Mais il m'a fait comprendre qu'il n'était pas possible de continuer comme ça, qu'il ne fallait plus rien espérer de bon de la part de son fils. Pourtant, ce dernier n'acceptait pas que je le quitte : malgré toutes ses frasques, j'étais sa femme et il pensait que je devais le rester. Il a bien essayé de revenir plusieurs fois, mais je suis restée ferme. Ce n'était pas facile car malgré toutes ses trahisons, j'avais un mal de chien à me défaire de lui. J'étais très attachée, et puis c'était le père de mes enfants. Ça a été la croix et la bannière pour qu'il accepte de divorcer.

J'ai fini par prendre un studio de mon côté et me suis concentrée davantage encore sur mon travail, qui a joué le rôle de bouée de secours. Mais Pierrot n'acceptait toujours pas la séparation et n'arrêtait pas de me téléphoner pour savoir ce que je faisais, pour me surveiller. Il m'espionnait, me faisait suivre par ses amis. Il m'a même cambriolée plusieurs fois. Et il ne s'occupait plus du tout des enfants. En 1969, à force de harcèlement téléphonique sur mon lieu de travail, il a fini par me faire perdre mon boulot. C'est la standardiste qui en a eu marre de ses appels à répétition et a fini par prévenir la direction. Ils m'ont demandé de faire cesser les appels, mais que pouvais-je y faire ? Ironie du sort, c'était au moment où j'étais en passe de monter dans l'entreprise : on m'avait proposé un poste d'attachée de direction, un avenir confortable s'offrait à moi. Mais c'était sans compter sur Pierrot, qui a continué ses manœuvres. Au bout de quelques mois mes patrons m'ont demandé de partir, en m'offrant trois ans de salaire en guise de dédommagement. De quoi me retourner. J'ai décidé de garder cet argent de côté, dans le but de construire un vrai projet ou en cas de dernier recours.

Aujourd'hui encore, je regrette la perte de cet emploi qui m'aurait permis d'avoir une tout autre vie en étant à l'abri du besoin et en ayant maintenant une retraite digne de ce nom. Mais c'est ainsi ! Rien ne sert de ressasser le passé.

Faits divers d'automne

L'automne s'installe dans la petite ville où habite Marie-Josée. Il ne fait pas encore très froid mais les jours raccourcissent et la morosité s'installe.

En ce moment, Marie-Josée va travailler deux à trois fois par semaine, mais elle *fait* peu de clients. Selon son analyse, c'est lié, une fois encore, à un *nouvel arrivage* de Roumaines. Ça ira mieux pour elle dès que la gendarmerie, pour la énième fois, sera passée et les aura *levées*. Parfois elles sont simplement chassées de leur place, alors elles se planquent quelque temps sur le bas-côté puis reviennent dès que la police a le dos tourné. D'autres fois, ça va un peu plus loin : contrôle, garde à vue pour troubles à l'ordre public et, selon les directives du préfet qui elles-mêmes varient en fonction de la pression des riverains, elles peuvent être relâchées ou placées en centre de rétention avant d'être renvoyées de force vers la Roumanie. Et les voilà remplacées par d'autres *filles* quelques jours plus tard, des *nouvelles* qui bientôt se feront *lever* à leur tour, tandis que réapparaîtront les premières Roumaines expulsées, revenues quelques semaines après leur reconduite à la frontière. Et c'est reparti pour un tour ! Un peu plus loin, sur une autre route, on assiste à un manège à peu près similaire avec des jeunes femmes africaines. Celles-ci ne sont pas réellement expulsables, alors la police les chasse, les réseaux les déplacent et dès que ça se calme un peu, elles réapparaissent, mêlées à de nouvelles recrues.

Marie-Josée peste souvent contre les Roumaines, mais elle en a quand même amené une à l'hôpital récemment, afin qu'elle puisse être informée et prise en charge dans une demande d'avortement. En réalité, plus d'une fois elle a été prise de compassion pour l'une de ces filles et il lui arrive souvent d'en prendre en stop à la fin de la journée pour les aider à regagner le centre-ville quand elles ne peuvent même pas se payer le bus et que leurs proxos ne font plus le déplacement. Les jeunes filles, qui souvent la surnomment « Mam' », lui accordent de l'autorité et lui obéissent à peu près. En même temps, dès qu'elle a le dos tourné, elles se montrent à nouveau bien trop *culottées*: elles squattent sa place, montent dans sa voiture sans sa permission, lui piquent des trucs et continuent de jeter leurs déchets n'importe où. Ça met Marie-Josée en colère mais au fond c'est surtout envers leurs macs qu'elle a la haine, surtout depuis qu'ils ont tiré vers elle avec des billes en plomb pendant qu'elle lisait dans sa voiture.

Toutefois, sur la route, les pires problèmes ne sont pas toujours ceux auxquels on s'attend. Ainsi, chaque année au moment des récoltes de melons, Marie-Josée et les autres *filles* du bord de route se font canarder de fruits et d'insultes par des jeunes gens qui passent en voiture. C'est ainsi qu'ils s'amusent à la fin de leur journée de travail dans les champs. Et que dire de ceux qui, même en sa présence, viennent uriner ostensiblement sur la place de Marie-Josée, voire sur sa voiture. Autre fait récent à signaler: un *mateur*. Un type qui est venu près de sa place se masturber depuis la cabine de son camion, sans payer. Un manque de respect doublé d'un manque à gagner: c'est intolérable. Marie-Josée a chassé l'indésirable avec forces insultes, et en le menaçant d'appeler la gendarmerie. Non mais!

Il faut savoir que la violence ne vient pas toujours uniquement des hommes. Nombreuses sont aussi les femmes qui insultent les prostituées lorsqu'elles passent sur la route. *Des jalouses*, interprète Marie-Josée. L'année dernière, elle a été agressée par les femmes des deux vignerons qui possèdent les terres situées derrière sa place. Alors que leurs maris tolèrent depuis des années sa présence, elles s'étaient subitement mis en tête de la chasser de là, prétextant qu'une prostituée dans sa voiture ça *faisait moche* et que ça ternissait l'image de leur propriété. Comme Marie-Josée ne comprenait pas leur problème puisqu'elles n'habitaient même pas là, elle a argumenté qu'elle ne gênait personne. Qu'est-ce que ça pouvait bien leur faire qu'elle soit là puisqu'il n'y avait rien alentour, que des ceps de vignes ! Les deux femmes ont alors essayé de l'intimider, en tentant de lui prendre de force les clés de sa voiture pour lui faire du chantage. Comme Marie-Josée ne se laissait pas faire, l'une des deux l'a empoignée et lui a envoyé un coup de poing dans la pommette. Marie-Josée a réussi à se dégager et à s'enfermer dans sa voiture pour se protéger. Sous leurs insultes, elle a appelé la gendarmerie du village qui n'a pas mis longtemps à arriver sur les lieux. Les deux femmes qui avaient regagné leurs vignes ont vite été retrouvées. Elles ne s'attendaient pas du tout à ce que les gendarmes puissent donner raison à Marie-Josée. En effet, leurs vignes sont peut-être à proximité de son emplacement, mais Marie-Josée est sur un chemin communal et de plus ça fait quinze ans qu'elle y est. Au final, Marie-Josée a déposé plainte contre ses deux agresseuses. Plus tard, le mari de l'une des deux femmes est venu s'excuser du comportement de son épouse, demandant à Marie-Josée de retirer la plainte. Elle n'en a rien fait. Pourtant, elle n'en a plus jamais entendu parler : sans suites. En prenant un peu de recul, Marie-Josée constate que les propriétaires sont de plus en plus nombreux à barrer les chemins d'accès aux champs pour empêcher les prostituées de s'y installer, le plus souvent avec les moyens du bord, troncs d'arbre et fils de fer.

Et pour compléter le tableau, il y a aussi les descentes de police. Le plus souvent Marie-Josée y échappe, mais dernièrement elle a vu débarquer des hommes cagoulés vêtus de noir, les *ninjas*, une brigade spéciale qui a pour ordre de nettoyer les routes. Marie-Josée a eu la peur de sa vie ! Elle venait de terminer avec un client et se rhabillait quand elle les a vus débarquer subitement dans les vignes. Avant de comprendre que c'était la police, elle a d'abord cru à une agression, un racket. Sans ménagement, ils ont relevé l'identité du client et cherché des noises à Marie-Josée quant à l'état de sa voiture. Enfin, ils lui ont ordonné de quitter immédiatement la place, en arguant qu'il lui était interdit d'y être. Ils lui ont dit qu'ils allaient repasser et que si elle était toujours là, ils l'embarqueraient au poste. Peu habituée à cette brusquerie de la part des forces de l'ordre locales, Marie-Josée s'est trouvée abasourdie. Elle a alors logiquement appelé les gendarmes qu'elle connaît, ses copains. Ce sont eux qui lui ont dit qu'il s'agissait des *ninjas* et qu'il ne fallait pas trop qu'elle s'affole : ces derniers bluffent, ils n'ont pas réellement le droit de l'embarquer, ni même de la contrôler. Alors Marie-Josée est restée sur sa place et ils ne sont plus jamais revenus. Il suffit d'être bien informée.

Et dire qu'il y a quelques années encore, elle appréciait tant cette place pour sa tranquillité ! Elle y était bien, connue et admise de tous, il n'y avait pas de problèmes. Mais en quelques années, le paysage a changé et tout s'est compliqué. Maintenant, *ici c'est Chicago,* dit Marie-Josée. Elle peut en témoigner puisqu'elle est la doyenne et la seule *traditionnelle* qui reste, la dernière *Française* de ce bord de route.

Le bordel

Lorsque, couverte de dettes à cause de Pierrot, j'ai perdu mon poste à la maison d'édition, je me suis mise à travailler comme serveuse dans un bar-restaurant du 14ᵉ qui accueillait les travailleurs du quartier. Assez vite les patrons, un couple de Belges, m'en ont laissé la gérance. Je l'ignorais à l'époque mais, parmi les ouvriers et les employés qui fréquentaient le lieu, il y avait quelques gens du milieu, comme on dit. Avec l'un de ces clients, Pascal, on s'est tout de suite plu et on a entamé une relation. Il avait une affaire familiale de contrefaçon de bouteilles d'alcool. Mais surtout il était marié et avait des enfants. Sa femme tenait un salon de coiffure, qu'il lui avait acheté avec l'argent de ses trafics. Il ne m'a jamais caché sa situation familiale et sa femme était aussi plus ou moins au courant de sa double vie. Comme il parvenait à bien séparer les choses, ça ne posait pas de problème. Quand il ne s'occupait pas de ses affaires en cours, il était chez moi, dans l'appartement situé au-dessus du restaurant où j'habitais avec les enfants. Un voisin, qui devait sans doute être amoureux de moi, me les gardait souvent pour me dépanner.

C'était l'époque des yé-yé et, malgré les difficultés matérielles, c'était une bonne période. J'étais bien épaulée par Pascal, il me protégeait. Il a même pris rendez-vous avec Pierrot pour qu'il arrête de me harceler. Pascal savait se montrer très persuasif, si bien qu'on n'a plus jamais entendu parler du Pierrot ! Financièrement, je me remontais petit à petit mais je n'arrivais pas encore à éponger complètement les dettes. C'est alors que les propriétaires du restaurant ont annoncé qu'ils allaient le vendre. J'allais me retrouver à nouveau sans emploi, dans la panade.

Un des derniers soirs où je tenais le bar, j'ai rencontré une fille qui était prostituée à Barbès. Je lui ai confié mes problèmes d'argent et elle m'a suggéré cette façon de me refaire rapidement. Je lui ai posé des tas de questions pour savoir comment ça se passait. Elle m'a expliqué en quelques mots seulement, comme si c'était quelque chose de banal. J'avais très peur, mais je me suis mis dans la tête que je n'avais pas le choix, que je devais le faire pour m'en sortir. Pascal n'était pas du tout pour ce genre de travail et avait pour principe de ne jamais tirer profit d'une fille. Il m'a dit que le bordel n'était pas un lieu pour moi. « Mais tu fais ce que tu veux », a-t-il conclu.

Pour essayer de m'éviter ça, Pascal m'a proposé d'être secrétaire dans une affaire qu'il allait monter dans un entrepôt : une arnaque aux fournisseurs. J'ai accepté, mais ça n'a pas duré très longtemps, quelques semaines à peine. C'est le temps qu'il a fallu pour que ça devienne très dangereux, notamment par rapport à la police. Alors Pascal est venu me prévenir, en me disant de ne surtout pas repasser par l'entrepôt. Il y a eu une enquête, mais je n'ai pas été inquiétée car je ne savais pas, enfin pas vraiment, que l'affaire était illicite. Pascal, lui, risquait gros : il s'est planqué et je n'ai plus jamais eu de nouvelles. Je ne l'ai jamais revu. Malgré ça, je garde un très bon souvenir de lui. Certes, c'était un voyou, mais en même temps, c'était à sa manière quelqu'un de droit.

Finalement, le bordel à Barbès, j'ai fini par aller y travailler. Ça n'a duré que quelques mois car c'était bien trop dur pour moi, c'était affreux. C'était ce qu'on appelle de l'abattage. On était dans l'obligation de faire un minimum de cinquante clients par week-end, sinon on ne nous gardait pas. La tenancière m'avait donné, comme à toutes les filles, un nom d'emprunt : j'étais Aïcha. Il fallait un nom arabe parce que la clientèle était maghrébine en grande majorité. D'ailleurs, la plupart des filles étaient arabes aussi. Le problème c'est qu'à l'époque déjà je n'arrivais jamais à me souvenir de mon petit nom et, du coup, je ne répondais jamais quand on m'appelait, ne comprenant pas que l'on s'adressait à moi. Finalement, la tenancière du lieu m'a conseillé de travailler avec mon vrai prénom, enfin la moitié de mon prénom. J'étais tout simplement Marie.

Nous étions une vingtaine de filles à travailler chaque soir, en nuisette. On se mettait sur le pas de la porte et les clients, encore dehors, faisaient leur choix. Ensuite, on passait avec le client devant une sorte de comptoir où l'on nous remettait deux serviettes tandis qu'il payait, puis on montait avec lui. Le temps que nous passions avec chaque client était contrôlé, il ne fallait pas trop s'attarder, il nous était demandé de rentabiliser. Nous n'avions pas le droit de refuser un client et, même s'il ne nous plaisait vraiment pas, il fallait tout de même y aller. Les trois quarts de nos gains allaient à la patronne, le reste nous revenait. Parfois nous pouvions avoir des pourboires, mais pour ça, il fallait être « très gentille » avec le client. La patronne ne devait rien en savoir, sinon là encore il fallait partager nos gains avec elle. Et c'était pas une rigolote, la tenancière, car derrière elle il y avait les vrais proxénètes qui lui mettaient la pression.

Heureusement, je ne me souviens pas très bien des détails de cette sale période car dès que je rentrais dans la chambre avec un client, j'étais comme ailleurs, n'attendant plus que d'en ressortir. Évidemment, dans mon entourage, personne n'était au courant. Je ne sais pas comment j'ai tenu. Je trouvais ça dégradant. Encore aujourd'hui, je ne vois pas comment on pourrait être heureuse là-dedans.

Et pourtant, au bordel, j'ai rencontré un homme bien. Abdel était un client, de dix ans plus jeune que moi. Il était moitié algérien, moitié antillais et déchargeait les camions à Rungis. Il avait un corps magnifique. Il est venu me voir plusieurs fois et on a fini par tomber amoureux. Alors on a commencé à se voir en dehors du bordel. Très vite, il a voulu que j'arrête. Ça tombait bien, je ne demandais que ça ! Il m'a fait rencontrer une femme qui avait un restaurant sur Montreuil et qui cherchait une serveuse. C'était dans une cour et il y avait aussi un bungalow d'environ neuf mètres carrés où je pouvais habiter. D'une pierre deux coups : je trouvais à la fois un travail et un logement gratuit. Comme il était minuscule, j'ai mis mes enfants en familles d'accueil. Mon soulagement d'arrêter au bordel était immense et je pensais que j'étais sortie d'affaire.

Avec Abdel on a pensé se marier. Il était travailleur et stable, c'était tentant. Sa famille était d'accord mais pas la mienne. Tout le monde trouvait qu'il était trop jeune pour moi et que le mariage ne tiendrait pas. Moi, à ce moment-là, j'avais déjà quatre enfants, je ne pouvais plus en avoir et je ne me voyais pas lui imposer tout ça. Alors je lui ai rendu sa liberté, pour qu'il puisse vivre sa vie et avoir des enfants. On s'est quittés, mais sans se quitter vraiment. On a continué à se voir quelques mois, même si l'on savait que notre relation était sans avenir. Un beau jour, il m'a annoncé qu'il allait se marier avec la fille d'un ami de son père, une femme du bled qu'il ne connaissait pas. Un simple arrangement entre les familles. C'est là que l'on s'est perdu de vue.

Petit à petit, le boulot à Montreuil s'est révélé trop pénible pour une seule personne : j'étais à la fois à la cuisine et en salle. Au bout d'un an à peu près, j'étais épuisée. J'avais besoin de changement, alors je suis partie. J'ai trouvé un petit logement sympa en banlieue et m'y suis installée.

En allant chercher une place de serveuse dans un bar de mon nouveau quartier, je suis tombée sur un homme d'une trentaine d'années, accoudé au comptoir, visiblement pas dans son assiette. Il n'était pas très grand, châtain aux yeux verts, vraiment charmant. Ça n'a pas vraiment été un coup de foudre mais il y a eu tout de suite une forte attirance. Alors que j'attendais pour proposer mes services au patron, on a commencé à discuter. Il en avait gros sur la patate ce jour-là et j'ai senti qu'il avait besoin d'en parler, même si ce n'était visiblement pas dans ses habitudes. Je lui ai un peu tiré les vers du nez. Il était sorti de prison depuis quelques mois seulement où il avait passé quatre ans pour un braquage chez des particuliers. Je n'étais pas impressionnée car à cette époque je tombais toujours un peu sur des voyous. Apparemment, c'est sa femme qui l'avait donné à la police. Pendant sa détention, elle avait divorcé et abandonné leurs trois enfants aux services sociaux. Il en avait perdu la trace des enfants et c'est ce qui le rendait si malheureux. J'ai été touchée par son histoire et c'est comme ça que j'ai laissé Mano entrer dans ma vie.

Il vivait alors chez ses parents, dans le même quartier que moi. Il avait monté une petite entreprise de nettoyage qui marchait plutôt bien. Mano était un homme intelligent et cultivé, qui était aussi renfermé et peu disposé à parler de sa vie. Ça tombait bien, je n'avais pas très envie de raconter la mienne non plus. Alors je ne lui posais pas trop de questions et il ne m'en posait pas non plus. Je ne lui ai jamais parlé de l'épisode de Barbès et je pense pas qu'il ait pu s'imaginer, à aucun moment, que j'avais pu travailler dans un bordel.

Après quelques mois de relation, il m'a confié qu'il ne voulait plus vivre là et qu'il rêvait de partir au bord de la mer. Je lui ai parlé de ma sœur qui vivait dans le Midi et, du jour au lendemain, on a décidé de tout quitter pour venir s'installer dans le Sud. On a mis en commun nos économies, l'argent reçu par mon ancien employeur parisien pour ma part, et on a acheté un camion pour faire les marchés, ensemble. J'avais envie de changement moi aussi, j'étais heureuse de descendre au soleil et de laisser Paris derrière moi.

Foi

Presque tous les samedis soir à 18 heures, Marie-Josée va à l'église avec sa copine Nelly. Le plus souvent elles vont dans une petite église dans le quartier où elle habitait précédemment. Marie-Josée croit en Dieu, même si elle ne croit pas vraiment à l'enfer ni au paradis et même si elle ne se préoccupe pas trop des péchés. Elle aime la messe parce que c'est un moment calme durant lequel elle est coupée du monde. Ça l'apaise. Si elle n'y allait pas, il manquerait quelque chose à son équilibre, quelque chose qu'elle ne saurait décrire mais qui lui est indispensable. Elle fait aussi ses prières, souvent le soir après avoir regardé la télévision, parfois dans sa voiture quand elle part travailler. Parfois, lors des confessions, elle parle au prêtre de la prostitution et reçoit ainsi sa compassion. Cela la libère un peu et c'est moins cher qu'un psychologue !

Mais Marie-Josée n'a pas toujours eu la foi. Elle l'avait lorsqu'elle était enfant, elle a été baptisée et a fait sa communion, mais quand elle a eu Arnaud, elle l'a perdue pour quelques années. Elle l'a retrouvée en 1981, lors de son premier pèlerinage à San Damiano, au nord de l'Italie. Marie-Josée y est allée la première fois sur les conseils d'une guérisseuse des Pyrénées. À San Damiano, elle avait découvert avec émotion l'histoire de Mamma Rosa, décédée le jour précis de son arrivée. Marie-Josée a pu voir son corps inanimé, exposé dans un cercueil de verre serti de roses. Elle a été frappée par ses toutes petites mains potelées, des mains de petite fille sur le corps d'une vieillarde.

L'histoire raconte que dans ce petit village de quelques centaines d'habitants, Rosa Quattrini, dite Mamma Rosa, une « humble mère de famille mourante », aurait été miraculeusement guérie par une visiteuse mystérieuse. Un an plus tard, la Vierge est apparue une première fois dans le poirier du jardin de Mamma Rosa et lui a délivré un premier message, puis les apparitions se sont faites régulières. Cette histoire, ainsi que la manière dont elle est racontée, a beaucoup touché Marie-Josée. Alors depuis une trentaine d'années maintenant, elle effectue un pèlerinage annuel à San Damiano. Il y a des départs organisés depuis la ville où vit Marie-Josée. Elle prend le bus pour un long trajet de nuit et, une fois arrivée sur place, elle se recueille avec les autres dans le champ où la vierge est apparue, entre les vignes et les roses. Il y a des gens qui viennent du monde entier, Marie-Josée trouve que c'est magnifique. Commence alors la prière. Le *premier message,* récité à l'unisson par tous les pèlerins, accompagnés par les haut-parleurs qui le diffusent en boucle et dans toutes les langues, est le suivant:

> *« Ma petite fille, je viens de très loin.*
> *Annonce au monde que tous doivent prier,*
> *Que Jésus ne peut plus porter la croix.*
> *Je veux que tous soient sauvés, les bons comme les méchants.*
> *Je suis la mère de l'amour, l'amour de tous,*
> *Vous êtes tous mes enfants,*
> *C'est pourquoi je veux que tous soient sauvés ! »*

Quand elle est en Italie, Marie-Josée a l'impression de ne plus être sur terre, elle oublie tout. Surtout, elle oublie *le métier* et toutes ses peurs.

Pourtant, *le métier* n'est jamais bien loin. Ainsi, le chauffeur de bus qui mène les pèlerins en Italie est devenu quelques années plus tard un client régulier de Marie-Josée. D'abord, quand ils se sont rencontrés, le monsieur était en couple avec une amie à elle. Lors de ses premières sollicitations, Marie-Josée a donc refusé, en accord avec ses principes, puisqu'elle ne veut pas contribuer aux infidélités subies par ses copines. Mais lorsqu'ils se sont séparés, en faire un client est alors devenu possible. Depuis, le chauffeur a pris sa retraite et Marie-Josée le voit deux ou trois fois par mois. Généralement elle va chez lui, ce qu'elle ne fait pas d'habitude : plus qu'un client, c'est un *micheton*. Mais c'est bien pour l'argent qu'elle y va, *un prêté pour un rendu*, même s'ils n'ont pas toujours de rapports sexuels. Quand elle en a besoin, il la *dépanne*, même s'il rechigne parfois un peu sur les sommes, prétextant des fins de mois difficiles. Ça, Marie-Josée n'y croit pas trop, mais enfin elle ne va pas se plaindre : il est un peu radin, mais il n'est pas bien méchant. Il prend toujours de ses nouvelles quand elle est malade et, à l'occasion, il lui fait des petits cadeaux, généralement des *dessous* en dentelles. Lui est un peu amoureux, pense Marie-Josée, mais elle est très claire sur le fait que la relation doit rester tarifée. Elle ne voudrait pas de lui comme compagnon, elle le trouve bien trop négligé et ne le lui cache pas. Alors ils ne sont pas vraiment amants, pas vraiment amis, mais ils se connaissent tout de même depuis plus de trente ans et, d'une certaine manière, ils se soutiennent un peu mutuellement.

Dans le Sud

1976. Arrivée dans le Sud. On a vite trouvé une jolie maison en location, dans un petit village. J'avais récupéré les enfants et je les ai placés en pension dans un département limitrophe, les garçons chez les frères et Sylvie chez les sœurs. Comme ça, ils n'étaient pas trop loin de moi et on pouvait se voir le week-end. Nicolas était encore petit mais les autres étaient déjà adolescents.

Avec Mano, on a commencé à vendre des chaussures sur les marchés. Ça a bien pris au début, on avait des bonnes relations avec les grossistes et de bons prix sur les lots. On se déplaçait dans les différentes villes du coin. Chaque jour, il fallait partir de la maison à 5 heures du matin mais au moins, l'après-midi, on était chez nous. Il n'y avait que le lundi qu'on n'avait pas de marchés et c'était là qu'il fallait s'occuper de trouver de nouveaux lots de chaussures et d'en charger le camion. Au total, nous faisions entre 400 et 500 kilomètres chaque jour, parce qu'on allait récupérer les lots dans le Massif central. Pour couvrir nos frais de transport, il nous arrivait de faire des marchés sur les villages de la route. Les affaires marchaient. Pour moi, c'était une bonne période.

Mais un an plus tard, Mano a voulu faire autre chose et il s'est arrêté. J'ai d'abord continué à faire les marchés toute seule mais, au bout de quelques mois, je me suis retrouvée complètement épuisée, une sorte de *burn-out* comme on dit aujourd'hui. J'ai dû me séparer de mon stand et je me suis retrouvée avec des dettes auprès de mes fournisseurs. Pendant ce temps, Mano cherchait du boulot mais en attendant, en bon homme à tout faire, il réparait des tracteurs avec les paysans du coin qui le rétribuaient le plus souvent en nature. Finalement, après quelques mois, il est devenu routier.

C'est alors qu'on a cherché à acheter une propriété. On en a trouvé une par annonce dans un petit village et ça semblait être une très bonne affaire. C'était une grande villa entourée d'arbres fruitiers. Pour bloquer la vente, j'ai donné une grosse partie de l'argent en liquide au notaire et on s'est installés dans la maison avant qu'il ne termine les formalités de l'acte de vente. Ce notaire était établi, il avait un cabinet plutôt chic en ville donc on ne s'est douté de rien. Mais tout cela était sans doute trop beau pour être vrai : le notaire et le pseudo-propriétaire de la maison ont disparu de la circulation du jour au lendemain, avec notre argent. Et puis, peu de temps après, les vrais propriétaires de la maison sont arrivés et nous ont demandé de partir puisqu'ils n'avaient aucune intention de vendre leur bien. On s'était fait rouler comme des bleus et il n'y avait aucun recours possible. Nous n'étions pas les premières victimes des magouilles de ce notaire véreux, mais l'argent était perdu. La rumeur dit qu'il se serait installé en Afrique, tranquille. Nous, on est repartis sur la location d'une petite maison, avec trois chambres qui pouvaient accueillir les enfants au fil de leurs allées et venues.

À partir de 1979, Mano est devenu chauffeur routier grande distance. Il faisait l'Iran et l'Irak, ce qui était assez dangereux. Il revenait à la maison tous les quinze jours, mais j'étais pas tranquille. On vivait toujours dans la peur qu'il ne revienne pas et, à l'époque, il n'y avait pas encore les téléphones portables pour pouvoir se rassurer d'un coup de fil. Mais il fallait bien qu'il travaille ! Comme il continuait à souffrir de ne pas voir ses propres enfants, placés par l'assistance publique, j'ai discrètement commencé à faire des recherches et je les ai retrouvés. Je les ai fait venir chez nous pour lui faire la surprise lors de l'un de ses retours d'Iran. Ses garçons avaient déjà dix-huit et vingt ans, sa fille dix-sept. Ça a été un grand moment d'émotion, il n'en croyait pas ses yeux. Les morceaux ont été rapidement recollés et ses enfants se sont installés avec nous.

Les garçons étaient assez cool, mais petit à petit, la fille a commencé à se mettre en rivalité avec moi, me suspectant de profiter de l'argent de son père. Je lui ai bien expliqué que tout ce qu'elle voyait chez nous était à moi, que son père n'avait rien ou pas grand-chose. Mais elle a continué dans cette idée, cherchant à nous monter l'un contre l'autre. Et puis elle avait une drôle de façon d'être avec son père : toujours collée à lui, sur ses genoux, venant dans notre lit le matin. Elle se comportait comme une petite fille de six ans alors qu'elle en avait déjà dix-huit. C'était des tas de petites choses que je ne pouvais pas accepter sous mon toit. Peu à peu, ça a créé des tensions et Mano s'est progressivement éloigné de mes enfants avec qui il avait pourtant de bonnes relations jusque-là. On est arrivés à un point où je ne supportais plus sa fille et lui ne supportait plus les miens. Ça devenait difficile.

C'est aussi à cette époque-là que ma Sylvie est tombée enceinte, à dix-sept ans, comme je l'avais été moi-même, faisant de moi une grand-mère de trente-neuf ans. Quand elle m'a annoncé sa grossesse, je lui ai proposé de venir vivre à la maison avec son ami. Ça faisait deux bouches en plus à nourrir, mais je n'allais pas lui laisser connaître la galère que j'avais connue ! Après quelque temps, ils ont fini par partir sur Paris pour trouver du travail. Son ami ayant des problèmes de drogue, ils ont fini par se séparer. Elle a eu une petite fille, Sandy, dont je me suis beaucoup occupée à l'époque.

Et un jour, comme avec Pierrot, j'ai trouvé un petit papier avec une adresse dans les poches de Mano. Je me suis rendue à l'adresse indiquée pour mener l'enquête. Quand j'ai sonné, c'est Mano qui a ouvert la porte. C'est là que j'ai compris qu'en réalité il revenait toutes les semaines mais passait un week-end sur deux avec une autre femme, une infirmière. Venant de lui, je n'en revenais pas. Mano ne sortait jamais, n'était ni fêtard ni dragueur et ne voulait jamais rien faire sans moi ! Et, bien qu'il n'était pas du genre à parler de ses sentiments, je voyais bien qu'il était très attaché à moi. C'était incompréhensible. Bien sûr, j'étais en colère, mais je me suis vite fait une raison. Je lui ai demandé de quitter le domicile conjugal et j'ai mis son baluchon devant la porte. Il n'a pas protesté. Mais ensuite ça n'a pas marché avec cette autre femme et il est revenu plusieurs fois sonner à ma porte. Alors on est restés encore un peu ensemble, on a continué à s'entraider. Mais la confiance s'était effritée. Finalement, après sept ans de vie commune, on a fini par renoncer.

La machine déraille

L'hiver est arrivé et, avec lui, les problèmes de santé de Marie-Josée sont revenus. Toujours ces maux d'estomac et cette grande fatigue, mais depuis peu, les douleurs s'intensifient. Hôpital, radios, scanners. En plus de ses problèmes récurrents d'intestin, on lui découvre finalement une infection du côlon. Marie-Josée sait que c'est son point faible. C'est de famille : sa mère, ses frères et sœurs ont tous des problèmes intestinaux. Alors elle doit prendre des antibiotiques qui la mettent à plat et lui minent le moral.

Cela contribue à faire remonter à la surface tous les autres problèmes de Marie-Josée qui s'accumulent depuis des années, notamment les problèmes d'argent. D'abord, il y a le fils de l'ancien propriétaire qui leur a fait un procès pour des loyers prétendument impayés. Marie-Josée et Manu ont pourtant bien les quittances qui prouvent le contraire, mais il a remis en cause leur caractère officiel. Or rien d'autre ne peut prouver que les versements qui se faisaient en liquide, de la main à la main, ont bien eu lieu. L'affaire a traîné des années, générant pas mal de stress pour Marie-Josée et Manu. Le propriétaire a été débouté une première fois. Mais il a fait appel, en revenant à l'attaque avec une histoire de charges impayées. C'est un vrai procédurier, connu pour soutirer de l'argent aux petites gens. Et puis il y a l'affaire de Manu. Un jour, il s'est tout bêtement fait voler sa carte bleue. Le problème, c'est qu'il a mis huit jours à s'en rendre compte et que, pendant ce temps, les voleurs ont vidé son compte en faisant des achats en Espagne. Depuis, il a un litige avec sa banque qui, à cause du délai de signalement du vol, le suspecte de vouloir les escroquer. La banque a même été jusqu'à prélever son RMI pour se rembourser, ce qui est parfaitement illégal. Ayant pu prouver son innocence grâce aux vidéos des caméras de surveillance espagnoles, il a gagné le procès, mais la banque a fait appel et les remboursements tardent à venir. Il se trouve aussi qu'on lui doit des salaires non versés depuis des années. Là aussi, le droit est de son côté, mais la procédure s'enlise et s'éternise. Et l'avocat de l'aide juridictionnelle n'a pas l'air de beaucoup s'investir dans cette affaire qui ne va pas lui rapporter grand-chose. Les *gens comme nous,* dit Marie-Josée avec amertume, ça ne l'intéresse pas. Et tout ça, forcément, c'est de l'argent qui manque, des découverts et donc le risque permanent de l'interdiction bancaire.

Enfin, leur logement actuel, celui où ils sont installés depuis quelques mois seulement, commence déjà à montrer ses limites : c'est trop sombre et les chambres sont à l'étage alors que les toilettes sont en bas, ce qui oblige Marie-Josée a emprunté l'escalier plusieurs fois par nuit, faisant forcer la prothèse de sa hanche. Il va bientôt falloir déménager à nouveau, chercher un meilleur appartement et surtout trouver de l'argent pour la caution. La galère qui recommence, avec beaucoup de tracas en perspective.

Quelques semaines plus tard, les soucis de santé de Marie-Josée empirent. Suite à une coloscopie, on lui découvre des polypes. À cela s'ajoutent des problèmes oculaires, un glaucome plus exactement. Le lien avec le stress est évident pour Marie-Josée, elle sait bien que ces problèmes de santé sont aussi en rapport avec des *choses nerveuses.* D'ailleurs elle a beaucoup de mal à se concentrer sur quoi que ce soit. Sauf sur ses problèmes d'argent, sur les factures impayables et sur la pénurie de clients.

Enfin, pour couronner le tout : l'attente du procès du viol, pesante, angoissante. Marie-Josée en parle à peine, avec la psy et avec Laure, et préférerait même ne pas y penser. La nuit, il y a les insomnies pendant lesquelles elle se débat avec la peur d'éventuelles représailles, avec son anxiété de témoigner devant tout le monde et d'avoir à parler publiquement de la prostitution. Quand elle s'endort c'est pour faire des cauchemars : Manu lui raconte chaque matin les cris et les râles qu'elle a poussés pendant la nuit.

Débrouille

J'avais arrêté les marchés depuis longtemps, mais j'avais encore pas mal de factures de chaussures à payer aux fournisseurs. Cela me stressait énormément. D'ailleurs, depuis cette époque, je ne supporte plus l'idée de devoir un centime à qui que ce soit.

J'ai d'abord trouvé par intérim un boulot d'aide-comptable dans une boîte de distribution, un remplacement de congé maternité. Mais quand cela s'est terminé, je n'ai rien trouvé d'autre pendant trois ou quatre mois. Je me démenais, mais arrivant de Paris, je n'avais pas de réseau par ici. Il y avait toujours la fille de monsieur un tel ou la nièce de monsieur tel autre qui me passaient devant. Et puis j'avais souvent l'impression de subir une discrimination liée à ma couleur de peau, à mes cheveux crépus et à mon nez épaté. C'est quelque chose que je connaissais bien petite mais que je n'avais plus du tout ressenti à Paris. Cela, ajouté à mes diverses expériences négatives avec des personnes peu fiables, a eu pour effet de me dégoûter de la région et plus particulièrement de la mentalité du sud de la France.

C'est dans ces années-là que ma mère est venue vivre quelque temps avec moi, ce qui nous a pas mal rapprochées. Mon père était mort depuis peu et elle commençait enfin à s'ouvrir. Par exemple, c'est là que j'ai appris que mon grand frère Hector, mort en Indochine, n'était pas le fils de mon père mais un enfant qu'elle avait eu hors mariage avant de le rencontrer. En fait, mon père l'avait connue enceinte. Elle ne lui avait rien caché et ils s'étaient mis d'accord pour faire passer Hector pour leur fils commun. Comme mon Arnaud, il était né alors qu'elle n'avait que dix-sept ans. J'aurais pu m'en douter, car il ne nous ressemblait pas du tout. D'ailleurs, il ressemblait vraiment à son père biologique que l'on connaissait, comme tous les gens du village, puisque c'était un ami d'enfance de ma mère. En réalité, tout le monde le savait, mais personne ne disait rien, par respect. Pour moi, cette révélation n'a rien changé. Ça restait notre grand frère, celui qui, pendant les longues absences de mon père, jouait pour nous le rôle du chef de famille. J'ai aussi appris que mon père s'était converti au catholicisme dans les années soixante et avait été rebaptisé Jean. Une vraie surprise pour moi ! Ma mère et moi devenions confidentes. Dans ces moments-là, elle m'a parlé comme elle ne m'avait jamais parlé avant.

Le problème c'est qu'à cette époque ma sœur Solange a commencé à faire des siennes. Suite à son divorce, elle s'était mise à boire et à faire des sortes de fugues en suivant ses amants de passage. Elle pouvait m'appeler à toute heure du jour ou de la nuit et il fallait aller la chercher dans un bar, une discothèque, à la frontière espagnole, en Belgique… Pour elle qui avait été d'une grande beauté, qui avait même gagné le concours de Miss Cinémonde dans sa jeunesse, cette période a été une vraie dégringolade. Et c'était moi qu'elle appelait à la rescousse. En vivant chez moi, ma mère a donc été témoin des déboires de Solange, ce qui l'a beaucoup inquiétée. Et puis le sud ne lui plaisait pas, il n'y avait rien à faire. Aux beaux jours, elle est donc repartie dans l'Est, retrouver sa maison et sa tranquillité. Finalement, Solange s'est suicidée à sa façon : elle était diabétique et a cessé de prendre ses médicaments. Ça

m'a fait vraiment de la peine de voir une personne comme elle
en arriver là alors qu'elle avait eu tant de choses pour elle : la
beauté, un mari ingénieur, de gentils enfants…

Seule face aux difficultés financières, à nouveau, j'ai en-
visagé la prostitution comme une solution ponctuelle. J'avais
repéré qu'il y avait des filles qui travaillaient en bord de route
donc je suis allée discuter avec elles. Bien sûr, l'accueil n'a pas
été chaleureux : elles m'ont regardé de travers, comme la
concurrente potentielle que j'étais. Mais elles m'ont quand
même informée un peu, notamment sur les tarifs pratiqués.
Par contre, il ne fallait pas que je me mette trop près d'elles,
ce n'aurait pas été apprécié du tout.

C'est comme ça que j'ai commencé à travailler sur les
routes du département voisin, de façon très irrégulière. Je pouvais y aller un après-midi et puis je n'y retournais plus pendant
un mois. Bien sûr c'était dur, mais je ne me posais pas de questions, j'agissais comme un bulldozer. Le problème c'est que
les julots du coin tournaient autour des filles. Je ne pouvais
pas me mettre où je voulais, il fallait que je change tout le
temps de place pour ne pas avoir d'emmerdes. Je faisais croire
que j'avais déjà quelqu'un, généralement que mon mari était
mon mac. C'est une règle d'or : toujours faire croire que tu
n'es pas seule. Pour moi, l'idée de tomber aux mains d'un
proxénète était insupportable. Je crois que, à cette époque-là,
j'aurais pu tuer un de ces gars-là s'il avait essayé de me soutirer
par la force ne serait-ce qu'un seul centime. Je les tenais à distance en bluffant ou en les esquivant, mais je ne pouvais pas
développer une clientèle comme ça. C'était la galère.

Une fille que j'avais rencontrée sur la route m'a parlé
d'une ville plus à l'ouest et d'une patronne de bar qui cherchait

deux filles. J'ai appelé, et c'est comme ça que j'ai rencontré Hortense. Elle tenait un bar et louait une maison indépendante située à cent mètres du bar. C'est là que nous vivions et faisions les passes. Hortense nous envoyait les clients et prenait un pourcentage. Ça se passait bien, les clients étaient tous des habitués, des gars que la patronne connaissait bien, le plus souvent des montagnards et des vieux garçons. Assez vite, Hortense m'a laissé la gérance du bar mais je pouvais continuer à faire des clients dans l'appartement du dessus. Par contre, je n'ai jamais rien touché sur les passes des autres filles, jamais. C'est elle qui restait la patronne.

Parallèlement, j'habitais toujours dans mon village, dans cette grande maison où j'étais bien. Le mercredi le bar était fermé, alors je rentrais chez moi le mardi soir et je repartais le jeudi matin. J'ai expliqué aux enfants que j'avais trouvé un nouveau travail et que je n'allais pas rentrer les week-ends. C'était comme ça. Et puis, c'était provisoire.

À cette époque, j'ai commencé à avoir pas mal de douleurs d'estomac. J'avais régulièrement des coliques néphrétiques à me rouler par terre de douleur. C'est un client régulier qui, me voyant un jour dans un sale état, m'a amené chez une guérisseuse dans un village des montagnes. J'étais sceptique mais aussi très curieuse. Dès que je suis arrivée, la femme a su que j'avais mal au ventre et elle m'a guéri complètement et définitivement, en quelques minutes. Peu de temps après, elle m'a aussi soignée d'une embolie pulmonaire. Du coup je suis retournée la voir régulièrement, par amitié. C'est elle qui m'a parlé de pèlerinages dédiés à la vierge en Italie, à San Damiano, en me conseillant d'y aller. Cette femme sage et bienveillante a ainsi eu un grand impact dans ma vie.

Mes douleurs d'estomac étaient réglées et ça marchait plutôt bien au bar. Malheureusement, Hortense a eu les yeux plus gros que le ventre, elle a voulu passer à cinq filles. Jusque-là, son affaire étant modeste et discrète, tout se passait bien. Je lui ai dit que c'était une connerie de vouloir agrandir son business comme ça, que ça allait attirer l'attention sur nous et que les langues de vipère allaient se délier. Mais elle ne m'a pas écoutée. Après quelques mois, comme prédit, quelqu'un a parlé et il y a eu une descente de flics. On a toutes été embarquées. J'ai fait soixante-douze heures de garde à vue. Mais je n'ai pas été inquiétée, je n'avais rien fait d'illégal. Par contre, Hortense est tombée. Le bar a fermé et elle a fait de la prison pour proxénétisme. Comme elle était malade et âgée, elle n'a pris qu'un an. Elle ne s'en est jamais remise et elle est morte peu de temps après sa sortie.

Filiations

Marie-Josée ne travaille plus depuis quelques semaines à cause de ses problèmes de santé. De toute façon, elle ne peut plus, physiquement. Du coup, elle est plus souvent à la maison, ce qui ne lui réussit pas trop. Elle n'aime pas rester enfermée sans rien faire, ça lui flingue le moral.

Heureusement, Marie-Josée ne vit pas seule. Elle a Manu, qui est comme son fils. Souvent, ils s'agacent et se chamaillent, mais toujours ils se serrent les coudes, comme deux compagnons de galère. Comment est-il arrivé dans sa vie ? C'est simple : un jour, dans les années quatre-vingt-dix, peu après le départ de son dernier compagnon, Marie-Josée avait sa télévision en panne. Manu était un copain de ses fils qui venait souvent chez eux. Il avait perdu sa maman depuis quelques années, à l'âge de seize ans. Un jour qu'il passait par là, Marie-Josée, qui savait qu'il était bricolo, lui a demandé de l'aide pour réparer la télé. Il s'est tout de suite mis à la tâche, puis a rendu plusieurs autres petits services à Marie-Josée. Elle a été touchée par sa solitude, voyant le jeune homme complètement livré à lui-même. Il a commencé à passer la voir plus souvent, pour manger un bout ou discuter un peu. Sa mère avait été enterrée tout près de la tombe d'un neveu de Marie-Josée, ils allaient donc les voir ensemble, ce qui les a encore rapprochés. Manu a fini par s'installer chez Marie-Josée et, quand les garçons sont partis faire leur vie, il est resté. Certes, à un moment il a pris un studio de son côté puis il s'est mis en ménage avec une jeune femme et son enfant, mais au final il est revenu chez Marie-Josée. Elle, elle voudrait bien qu'il fréquente et se mette en ménage, qu'il fonde une famille, alors elle a essayé de le pousser vers ça. Mais il a mal choisi ses compagnes, ou alors il est mal tombé, et ça s'est toujours mal terminé. Pour ce qui est de ses activités professionnelles, ce n'est pas simple non plus : il a été boulanger, videur, DJ, cuistot dans plusieurs restaurants de la région. Il a tenu un snack ambulant dans une caravane. Mais hélas, n'étant pas toujours entouré de gens honnêtes, il s'est souvent fait rouler. Il a aussi été videur dans une boîte, nommeur au loto et a même tenté un job de conseiller en insertion sociale pour les sortants de prison. Mais depuis quelques années, il ne trouve plus de travail, absolument rien. Alors Marie-Josée et Manu restent ensemble et ils en sont à leur sixième appartement loué en colocation dans différents quartiers de la ville. À la maison, c'est lui qui s'occupe des repas et bien souvent des courses. Souvent, il conduit Marie-Josée à ses rendez-vous médicaux et administratifs. Il la dépose puis repasse la chercher. Parfois, Marie-Josée le trouve collant et préférerait se débrouiller toute seule : elle aime son indépendance et elle ne veut pas *s'empâter* en se laissant conduire à chaque fois. Mais Manu insiste, inquiet à l'idée qu'elle se fatigue. Et elle a beau lui dire de lui laisser de l'air, rien à faire. De toute façon maintenant, avec ses problèmes de santé, il ne la laissera pas tomber. Il ne peut pas la laisser. Pour lui, elle est sa deuxième mère.

Bien qu'elle ait perdu ses filles, Marie-Josée est toujours la mère de ses trois garçons : Arnaud, Philippe et Nicolas.

Arnaud vit dans l'est de la France. Il a fait carrière comme soudeur et, en digne héritier de son grand-père, il a continué toute sa vie à jouer au football, en amateur dans un petit club. Marié, il a eu deux filles qui sont déjà grandes. Depuis quelques années, il est adjoint au maire de son village, une responsabilité qui lui laisse bien peu de temps libre. Arnaud est un homme posé, agréable et affectueux. Le problème c'est sa femme qui, lors de la dernière visite de Marie-Josée, était jalouse du temps qu'il passait avec elle. Elle se sentait délaissée. Si bien qu'Arnaud, qui venait parfois passer ses vacances chez Marie-Josée dans le Sud, n'est pas venu depuis plusieurs années. La dernière fois que Marie-Josée l'a vu, c'était il y a trois ou quatre ans, quand elle est montée voir la famille dans l'Est pour la dernière fois. Elle ne regrette pas d'y être allée, au moins elle a revu ses frères Maurice et Raymond avant qu'ils ne meurent. Mais depuis, Arnaud ne l'appelle que très rarement. Heureusement qu'elle a toujours quelques nouvelles par Henri, le seul survivant du côté des frères. Bien qu'elle s'en soit peu occupée Marie-Josée ne s'est jamais trop inquiétée pour Arnaud, sachant qu'il était bien entouré par sa famille restée dans l'Est.

Philippe, pour sa part, est installé dans le Sud, pas très loin de Marie-Josée. Ouvrier dans la métallurgie, il a eu un accident du travail et depuis à peu près un an il a le statut d'handicapé. Selon Marie-Josée, il a toujours eu un caractère un peu particulier et il a connu pas mal de déboires, notamment avec des histoires de drogue dont Marie-Josée ne veut pas trop entendre parler. Ensuite, c'est son mariage qui a été un fiasco. Une fille un peu spéciale, que Marie-Josée n'a jamais appréciée. Elle a fini par partir avec un autre type, lui laissant leurs trois enfants. Marie-Josée les voit régulièrement, notamment Jordan qui a dix-sept ans et prend souvent le bus pour venir manger et papoter avec sa mamie. Mais Philippe et Marie-Josée sont régulièrement en froid, notamment parce qu'elle n'a pas sa langue dans sa poche et n'hésite pas à le remettre à sa place s'il se permet de se mêler de ses affaires ou de les critiquer, Manu et elle. Philippe est tout de même là en cas de besoin, il a même déjà proposé à Marie-Josée de venir vivre avec lui. Mais elle préfère éviter autant que possible. Elle veut bien aller manger chez lui le dimanche, notamment pour voir ses petits-enfants, mais l'entente n'est pas facile, Marie-Josée n'appréciant pas toujours sa *mentalité*. Elle dit que c'est celui des enfants qui ressemble sans doute le plus à son père, et ce n'est pas un compliment. Marie-Josée le trouve trop exubérant, elle dit qu'il aime se montrer et se mettre en avant et cela lui déplaît profondément.

Nicolas, le petit dernier de Marie-Josée est aujourd'hui celui dont elle est le plus proche. Elle aime tous ses enfants, bien sûr, mais c'est avec Nicolas qu'elle a le plus d'affinités. Il est calme et docile, un peu rêveur tout en étant quelqu'un de stable. Marie-Josée aime à le décrire comme un artiste et un bohème. Il est facile à vivre et à comprendre, il n'est pas dans la critique ni dans le jugement. Un bon petit gars ! Marie-Josée dit qu'elle l'a bien réussi, celui-là. Et puis c'est celui dont elle s'est le plus occupé finalement, celui qu'elle a eu le plus long-temps avec elle à la maison. Aujourd'hui, il vit dans un petit village à cinquante kilomètres de chez Marie-Josée. Marié puis divorcé, il a deux filles et il a longtemps été projectionniste. Depuis quelques années, il a une nouvelle compagne, une artiste, qui avait elle-même deux enfants : ils forment une famille recomposée. Cette fois, Marie-Josée apprécie sa belle-fille et elle est contente de savoir son fils heureux en ménage. Ensemble, Nicolas et sa compagne font des marionnettes. Pour montrer leurs spectacles, ils se déplacent dans toute la France et même à l'étranger. Marie-Josée aimerait bien voir ça, mais elle n'en a pas encore eu l'occasion. Pour gagner un peu mieux sa vie, Nicolas a aussi monté sa petite entreprise de travaux et réalise des chantiers chez les particuliers. Elle sait qu'en cas de nécessité, si elle ne peut plus vivre seule ou si Manu disparaît, c'est lui qui sera son meilleur soutien.

Bouchons

Après la déroute d'Hortense, je me suis retrouvée le bec dans l'eau. Au pied levé, j'ai commencé à travailler dans un bar de la vieille ville la plus proche de chez moi, comme hôtesse. On s'asseyait devant le bar, sur les hauts tabourets et on attendait les clients. Là, le but était de les faire consommer au maximum et ensuite on pouvait monter avec eux pour les passes. J'aimais pas bien ça.

C'est la patronne de ce bar qui m'a conseillé d'aller en Belgique : « Toi, t'es pas mal, tu présentes bien, tu es toujours bien habillée, propre. Pourquoi tu vas pas en Belgique ? Tu pourrais peut-être trouver une gérance. » Elle connaissait un couple assez âgé qui tenait un bar à champagne dans un village près de Bruxelles et elle savait qu'ils voulaient laisser leur affaire. Je suis allée voir. Là-bas je suis tombée sur un couple adorable alors ça s'est tout de suite bien passé. Au bout de huit jours, le couple a pris sa retraite, me laissant la gérance du bar. En Belgique, la personne qui est gérante peut aussi faire des clients, le tout en parfaite légalité. Je l'ai fait quelques fois, mais pas très longtemps car il fallait le plus souvent embrasser les clients, ce qui m'a toujours été insupportable. On était quatre filles à officier dans le bar. J'avais déjà cinquante-trois ans, les autres étaient des trentenaires mais certaines filles étaient tellement marquées qu'elles avaient l'air plus vieilles que moi.

En me laissant l'affaire, les propriétaires du bar m'avaient prévenue qu'une bande de trois hommes risquait d'arriver pour essayer de me racketter. C'était un père et ses deux fils qui faisaient le circuit des différents bars à filles, se faisant passer pour des caïds. Ils faisaient ça à l'estomac, c'était du bluff, mais ça fonctionnait. Ils faisaient peur aux tenanciers en menaçant de tout casser dans le bar si on ne leur donnait pas d'argent et les fistons passaient à l'acte si nécessaire. Les propriétaires me les avaient décrits et m'avaient avertie qu'ils passeraient sûrement un vendredi soir, se mettraient au bout du bar et commenceraient par boire avant de me charrier. Ils m'avaient laissé leur carabine, une 22 long rifle. Je savais m'en servir car, à l'époque où j'étais mariée, il nous était arrivé de faire des week-ends de chasse en Bretagne et Pierrot m'avait montré comment tirer. Je m'étais même révélée être une assez bonne gâchette en tuant un pauvre petit écureuil du premier coup. Mais comme j'étais horrifiée à l'idée de faire du mal aux animaux, j'ai vite refusé de chasser à nouveau. Quoi qu'il en soit, j'avais appris les bons gestes et cela ne s'oublie pas.

Alors effectivement, quand j'ai vu arriver les trois zigotos et que je les ai observés se mettre en bout de bar, exactement comme on m'avait décrit qu'ils le feraient, je me suis dit: « Ma petite, prépare-toi ». D'abord ils ont commencé par boire, boire, boire et reboire. Au bout d'un moment, je leur ai dit qu'il était temps de payer. Ils ont refusé. Je ne me suis pas démontée: j'ai pris la carabine, l'ai pointée sur eux et leur ai dit: « Écoutez, je suis pas la patronne ici et c'est hors de question que ce soit moi qui paye vos coups. Alors vous allez payer, tout de suite, et puis c'est tout. » Ils n'en revenaient pas car personne ne leur avait jamais tenu tête comme ça. Et puis ils ont bien vu que je ne plaisantais pas. Ils ont payé et ils sont partis, sans rien casser. La semaine suivante, ils sont revenus. Le père a posé un tas de billets sur le bar et il m'a dit : « Tiens, c'est pour toi, sers-toi une coupe de champagne ! » J'avais gagné leur respect. À partir de ce jour-là, ils venaient toutes les semaines et m'offraient systématiquement le champagne. « Toi au moins, t'es une vraie femme », me disait souvent le père de famille.

Les affaires marchaient, mais j'ai pas voulu rester en Belgique. Il faut dire qu'il avait fait particulièrement froid cet hiver-là et que ça ne me convenait pas du tout. Et puis les enfants étaient toujours dans le Sud, ça faisait vraiment loin. Enfin il y avait Paul, qui était entré dans ma vie un an plus tôt et qui m'attendait en bas. Alors je suis redescendue. Mais ce court épisode belge m'a quand même donné droit à une petite retraite, de vingt-cinq euros par mois.

Maux printaniers

L'autre jour, c'était la Journée de la femme et Marie-Josée a regardé une émission spéciale à la télévision au sujet des violences faites aux femmes. Une femme victime d'un viol témoignait de la difficulté d'affronter le regard des autres suite à son dépôt de plainte et évoquait la durée exaspérante de la procédure, qui s'était étalée sur des années. Ça a complètement déprimé Marie-Josée, la renvoyant à son affaire. Le problème avec ce qui lui est arrivé, c'est bien qu'il n'y a pas que le traumatisme du viol en lui-même : il y a aussi toutes les angoisses liées à l'attente du procès, attente qui n'en finit plus.

Et puis est arrivé le soixante-seizième anniversaire de Marie-Josée. La veille, elle est partie avec Manu manger au restaurant, en bord de mer. Cela aurait dû être un bon moment, hélas elle a attrapé froid. Le lendemain, elle était alitée. La petite fête prévue avec Philippe et Nicolas a été annulée. Direction l'hôpital. Cette fois ce sont des diverticules qui lui donnent des spasmes. Anesthésie générale et coloscopie. Traitement par antibiotiques et piqûres à domicile. Dérèglement de la flore intestinale, diarrhées. Traitement complémentaire pour réparer les dégâts des antibiotiques. Fatigue, profonde. Il faudra refaire un scanner abdominal dans quelques mois. Marie-Josée arrête d'aller travailler, d'abord pour quelques jours seulement. Mais voilà qu'elle attrape une grippe qui lui donne de fortes fièvres. Puis ce sont les bronches qui sont touchées. Marie-Josée est asthmatique, alors quelques jours plus tard, ça dégénère en pneumonie. Elle est soignée mais fait une réaction allergique au médicament. Apparaissent des vertiges qui durent jusqu'à aujourd'hui.

Marie-Josée est enfermée chez elle et n'a plus la force de sortir, pas même pour aller au loto. Même sa *grande copine assistante sociale* ne la voit plus beaucoup. Elle ne peut pas retourner travailler. En même temps, elle a peur de manquer d'argent tout comme elle a peur de se faire piquer sa place par les autres *filles*. L'arrêt provisoire est donc ambivalent : il est à la fois un soulagement et une source de stress.

Un malheur n'arrivant jamais seul, Marie-Josée a aussi appris que sa sœur Claudie, dont toute la famille avait perdu la trace en Amérique depuis des années, était décédée depuis 2013, on ne sait trop comment. De même que sa fille, la nièce de Marie-Josée. À cette annonce, tous les disparus de Marie-Josée sont revenus hanter ses pensées. Et il y en a ! En 2014, elle a perdu son frère Maurice, le mal-aimé, mort d'avoir trop bu et trop fumé toute sa vie. La même année, son frère Henri est parti aussi, des suites d'un AVC. Il y a eu aussi la mort de Solange, tragique. Mais le plus dur, sans aucun doute, c'est le décès de Sylvie avec qui elles étaient si proches, comme deux copines, mère et fille se ressemblant *comme deux gouttes d'eau*. Qui plus est, les circonstances ont été particulièrement glauques, Sylvie ayant connu des moments très difficiles suite à son divorce. Elle avait même été prostituée de force par l'un de ses compagnons, un homme extrêmement violent qui lui avait même cassé le bras. Quand Marie-Josée avait découvert ce qui arrivait à sa fille, grâce aux dires d'un client, elle était tout de suite partie la chercher sur la route avec Philippe. Marie-Josée ne pouvait accepter que Sylvie fasse cette activité, *a fortiori* contrainte et pour le bénéfice d'un *mac*. Connaissant le sujet, elle avait considéré que sa fille n'était absolument *pas faite pour ça*, c'est-à-dire pas assez solide pour faire face aux dures réalités de la prostitution. Philippe et elle se s'étaient battus pour la sortir des griffes de cet homme et, en utilisant menaces et recours à la force, ils y étaient parvenus. Mais Sylvie a été retrouvée morte quelque temps après, à l'âge de quarante-sept ans : une rupture d'anévrisme. Un choc. Marie-Josée a gardé la sensation que toute cette affaire n'était pas très claire et que sa mort soudaine avait quelque chose de louche. Depuis, elle ne fête plus Noël avec ses enfants et petits-enfants car ce moment de l'année rend l'absence de Sylvie trop difficile : *c'est comme s'il manquait une branche à l'arbre.*

Tout cela pèse sur le cœur de Marie-Josée, pèse sur ses jours d'ennui et sur ses nuits tourmentées.

Rebonds

Suite à mon départ de Belgique, à nouveau je n'avais rien. Je me suis rapprochée d'Isabelle, une femme que j'avais rencontrée dans l'Ouest et qui travaillait directement dans la rue, près du bar d'Hortense. Elle était là-bas en semaine et, tous les week-ends, elle retournait au village où elle vivait avec son mari et leurs deux enfants. Elle disait toujours qu'elle n'avait personne, c'est-à-dire qu'elle était à son compte, mais en fait son mari était son mac et elle n'avait pas vraiment le choix. Par contre s'il y avait un problème, il venait. Avec Isabelle, c'était difficile de savoir ce qui était vrai ou faux, car avec ses problèmes de drogue et d'alcool, elle ne racontait pas toujours la même version de son histoire. Et puis, dans ce milieu, on ne se dit jamais vraiment toute la vérité entre nous.

À cette époque il y avait aussi Val, qu'on avait rencontré au bar d'Hortense, et qui travaillait directement dans son studio. Elle avait carrément acheté son studio car à cette époque déjà les proprios ne voulaient plus louer à des prostituées. Moi je ne voulais pas acheter un studio pour ça, j'avais l'impression qu'investir ça voulait dire en faire vraiment mon activité officielle. Engager des frais, ça voulait dire être obligée de les rembourser, ça voulait dire perdre ma liberté.

Avec Isabelle, on a décidé de *faire la route* ensemble. On est devenues collègues en quelque sorte. On s'est installées au bord de la nationale dans un premier village, puis près d'un autre, plus grand. On s'est mises près d'un restaurant routier : il n'y avait encore personne et on savait que c'était une bonne place, passage de clientèle garanti. Au bout de quelques jours la police est passée et nous a contrôlées. Comme elle nous a laissées faire, c'était bon. À partir de ce moment-là, c'est devenu notre place, on n'était pas dérangées. On a fait un fric fou à cette époque et moi je m'en suis surtout servie pour aider mes enfants à s'installer, en particulier Sylvie. Elle était un vrai panier percé, alors plus d'une fois j'ai dû l'aider à payer ses factures. Et puis j'ai aussi aidé Philippe, en lui payant une voiture à sa sortie de prison. Au départ, il devait me rembourser, mais il paraît qu'on ne rembourse pas une mère. Nicolas, lui, m'a toujours remboursé au centime près, même un peu plus. Mais je n'ai jamais rien mis de côté pour moi et mes vieux jours. À vrai dire je n'y ai même jamais pensé.

Quelque temps avant de partir en Belgique, j'avais donc rencontré Paul un soir, dans un bar. Il était mécanicien poids lourds et parallèlement, directeur d'un petit club de foot. Du coup, on suivait souvent l'équipe pour les matchs, on se baladait partout, on sortait pas mal. Assez vite, on s'est mis en ménage, dans un petit studio meublé du centre-ville que nous louait une prostituée. C'était petit, mais ça faisait l'affaire. Il a tout de suite su quelle était mon activité et évidemment il a voulu que j'arrête, d'autant plus qu'il gagnait bien sa vie. Moi je n'avais pas d'autres sources de revenus et je ne voulais pas dépendre de lui financièrement. Ça créait des conflits, j'étais parfois obligée d'aller travailler en douce. Mais je savais qu'à tout moment, comme avec les autres, tout pouvait s'arrêter du jour au lendemain : pour moi je devais absolument assurer mes arrières, gagner mon propre fric. J'ai donc résisté au maximum à sa demande d'arrêter, mais j'ai fini par lever le pied petit à petit. Après quelque temps, on s'est pris un logement plus grand où on a vécu ensemble pendant près de neuf ans. Paul était quelqu'un de très sérieux au niveau professionnel. Même s'il faisait la fête, il assurait toujours pour être opérationnel le lendemain matin au boulot. Il était reçu dans ma famille et s'accordait bien avec mes enfants.

Mais les deux dernières années de notre vie commune, il a commencé à traîner de plus en plus souvent avec un patron de bar qui était célibataire et je crois qu'il s'est considéré lui-même comme un célibataire. Il sortait de plus en plus et, à la fin, il ne rentrait plus que le lundi matin, dans un sale état, pour prendre une douche et repartir au boulot. Il s'était mis à me tromper, avec des femmes mariées, des libertines. Pas mon truc. Ça battait sérieusement de l'aile.

D'abord, j'ai essayé d'être patiente et compréhensive. Mais ça devenait insupportable, alors je lui ai mis un ultimatum : il avait un mois pour se refaire. Au début, il a fait quelques efforts, ça allait mieux. Mais il n'a pas tenu. Alors un beau jour, il a trouvé son baluchon devant la porte : puisqu'il se prenait pour un célibataire, autant qu'il le soit vraiment.

J'ai repris le travail sur la route, je n'avais pas le choix. Je suis allée devant un vaste champ où était plantée une grande pancarte représentant un taureau. C'est à partir de là que j'ai dû aller travailler plus souvent, quasi quotidiennement. Ça marchait bien moins qu'au début, c'est sûr, je n'avais plus la même jeunesse à offrir. Dès lors, je me suis dit que venir dans le Midi avait été la plus grande erreur de ma vie : les gens d'ici ne sont pas sincères, ils n'ont pas de parole.

Bien sûr, Paul a regretté ses frasques et, bien sûr, il a voulu revenir. Pendant deux ou trois ans il a essayé. Même ses copains venaient plaider sa cause, attester de ses regrets. Mais pour moi c'était trop tard. Je savais qu'il n'y aurait plus de confiance possible, donc pas de sérénité. Après quelques années, on est redevenus amis, sans être non plus très proches. Quand je travaillais dans mon champ, il passait régulièrement devant moi avec sa camionnette et on se saluait. Depuis Paul, je n'ai plus eu personne, je n'ai plus jamais voulu me mettre en ménage.

Et un beau jour j'ai été délogée de mon champ en raison des travaux de déviation de l'autoroute. C'est alors que je me suis installée sur ma place actuelle, au bord de la route nationale, devant les vignes. C'est une très bonne place parce qu'il n'y a pas d'habitation à proximité, pas d'enfant qui passe et parce qu'il y a un petit chemin qui permet de ressortir par-derrière en toute discrétion. Je me suis battue pour y être connue et reconnue, pour la défendre, pour la garder. Aujourd'hui, cela fait près de quinze ans que j'y suis. C'est ma place.

Boucle

Octobre 2015, sud de la France.

Depuis la fin du mois de mai, ma santé est à peu près revenue et j'ai repris du service sur la route. Ce n'est pas de gaieté de cœur, mais il faut bien gagner son pain. Avec mes ennuis médicaux qui ont duré deux mois et demi et le temps qu'il a fallu pour m'en remettre, une certaine fatigue s'est installée en profondeur. Mais je m'oblige à oublier certains maux, sinon quoi ?

Oui, cette fois, j'ai vraiment dû me gendarmer pour retourner là-bas, ça a été une vraie bagarre à l'intérieur de moi. Mon corps résistait mais la raison a pris le dessus : je ne veux pas recommencer à m'endetter. Ne rien devoir à personne est primordial pour moi et travailler sur la route est la seule façon que j'ai trouvée d'y arriver.

On peut dire que c'est pathétique d'en être là à mon âge. Je me le dis souvent en moi-même : c'est pas une vie. Mais je sais que si je m'arrête, je ne pourrai plus payer mon loyer et mes factures, je ne pourrai plus avoir de voiture. Cela signifie ne plus avoir d'indépendance : finies les sorties, adieu les loisirs et tous les petits plaisirs de la vie. Sans voiture, je ne pourrais même plus aller voir Nicolas et Thierry. Et ne serait-ce que pour faire les courses : je ne peux pas porter de poids à cause de mes problèmes de dos, alors sans voiture, ce serait vraiment impossible. Et je n'aime pas que Manu n'y aille toujours à ma place, il y a des choses qu'il ne sait pas choisir aussi bien que moi.

Comme je m'y attendais, quand je suis revenue sur ma place, j'ai trouvé des filles. Deux Françaises, d'origine algérienne, que je connais pourtant. Ça m'a mise en colère, car elles connaissent les codes, elles savent que cela ne se fait pas, contrairement aux Roumaines qui n'y comprennent rien ou n'ont pas toujours le choix. Je leur ai demandé de partir immédiatement : ma place reste ma place, que j'y sois ou pas. C'est moi qui me la suis faite, je tiens à ce qu'on la respecte.

Cela fait maintenant plus d'un an que j'ai subi mon agression. Je dois dire que je suis vraiment perturbée par la longueur de l'attente du procès. Après des mois sans nouvelles, j'ai relancé mon avocat qui m'a dit que, effectivement, la procédure était anormalement longue. Et puis finalement, peu après la rentrée des classes, j'ai obtenu un rendez-vous avec un expert mandaté par le juge, un psychiatre. Un type très bien à qui j'ai raconté à nouveau toute l'histoire.

Par ailleurs, il m'a été confirmé qu'il y avait contre mon agresseur d'autres plaintes venant d'autres femmes, pour des faits similaires. Et qu'il y avait aussi d'autres faits connus dans une autre ville. Il y a donc de grandes chances qu'il aille en prison, mais quand ?

J'aimerais tant que tout soit déjà terminé. J'aimerais déjà connaître le résultat du procès et surtout être enfin reconnue comme victime de cette agression. Clouer le bec à ceux et celles qui pensent que c'est normal que ces choses arrivent aux personnes qui se prostituent. Souvent, quand je pense au procès, je suis prise d'une grande hésitation : devrais-je y aller ou pas ? J'en ai parlé avec l'avocat, il m'a dit que c'était à moi de voir mais que si je ne voulais pas y être, il pourrait me représenter. D'un côté, je voudrais pouvoir affronter ça, voir comment il se défend. De l'autre, imaginer cet individu qui n'éprouve aucune gêne et qui, malgré tous les faits qui lui sont reprochés, pense qu'il n'a rien fait de répréhensible, cela me paraît insoutenable. Même si je n'ai reçu aucune menace, j'ai toujours peur d'éventuelles représailles de la part de sa famille ou de son clan. Puisque je n'ai pas retiré ma plainte, il y a des chances qu'ils me considèrent comme leur ennemie. À moins que les plaintes des autres filles leur aient fait réaliser qui était vraiment leur fils…

Heureusement, il y a l'écriture de ce livre avec Laure et sa collègue Magali, qui a aussi duré plus d'un an. C'est moi qui ai un jour osé parlé à Laure de mon souhait de pouvoir raconter ma vie dans un livre. Je ne savais pas du tout que cela deviendrait possible, petit à petit. C'est une sacrée expérience pour moi, devoir retourner dans ma vie passée lors des entretiens tout en continuant à avancer dans celle d'aujourd'hui. Travailler sur ce livre m'a permis de réaliser par où j'étais passée. Pour moi, ce livre était nécessaire, pour expliquer mon parcours et faire comprendre aux personnes qui ne connaissent pas les prostituées comment la prostitution nous arrive. Je voulais simplement faire connaître mes ressentis et montrer que, malgré toutes les insultes et agressions que nous subissons, nous sommes avant tout des personnes comme les autres. Avoir ce projet m'a apporté une grande force morale et physique. Je suis contente de laisser quelque chose de moi à travers cet écrit.

Pour ce qui est de parler d'avenir, j'ai bien envie d'essayer de prendre soin de moi. J'envisage de partir en cure thermale dans les Pyrénées. Ça me ferait un bien fou ! J'en ai déjà fait une, il y a six ans, c'est un très bon souvenir. La sécurité sociale prend en charge la partie cure, mais pour le reste, logement et nourriture, ce serait à ma charge. Il faut donc que je me débrouille pour trouver de l'argent.

J'aimerais trouver des solutions pérennes afin de ne plus avoir recours à la prostitution. Mais pour l'instant, il m'est très difficile d'entrevoir une autre voie. Avec ma petite retraite, mon loyer et toutes les charges qui s'ajoutent, j'ai beaucoup de frais mais je n'ai droit à aucune aide au-delà du minimum vieillesse. Nouvelle tuile : notre propriétaire veut vendre et menace de nous mettre dehors. Certes, on pensait déménager, mais les choses se précipitent et on n'a pas les moyens d'y faire face. Je ne trouve pas d'issue.

Mon plus grand désir est bien sûr de pouvoir vivre une vie normale, entre guillemets. J'aimerais retrouver certains repères d'avant que je ne fasse cette activité. Passer mes après-midi au cinéma, à la plage ou à boire du thé avec des amies, plutôt que d'être là-bas. Quoi qu'on en dise, la honte est là, elle me colle à la peau.

Moi, je voudrais juste vivre comme tout le monde.
Mais sur une île déserte, si possible.
Avoir enfin la paix.

Postface

« Reprendre la parole... encourager la dialectique plutôt que de laisser s'installer la simplification de la pensée. »

D'où me vient, et m'est restée, cette petite phrase qui résonne et colle si bien aux circonstances ? Je ne sais plus, peu importe, elle est introduction à ce texte, que je tiens à insérer dans cet ouvrage. Cet ouvrage qui témoigne de séquences d'existence d'une femme singulière. C'est une femme vieillissante qui semble vivre avec une part en soi insupportable. Femme qui a accepté la rencontre proposée. Je l'ai confortée. Elle n'a rien à voir avec le hasard.

Elle est avant tout rencontre entre deux professionnelles, chacune à sa manière. Elle, seule en bord de route, moi, en tournée de route en binôme. Je suis éducatrice au sein d'une association de travail social spécialisée, structure qui intervient auprès des publics concernés par la prostitution. Dans le cadre de nos missions, nous allons à la rencontre des personnes en situation de prostitution sur les routes du département. J'ai rencontré Marie-Josée au bord d'une nationale, au pied de vignes ensoleillées du sud de la France, il y a déjà plusieurs années.

Je me souviens de la première rencontre : j'arrive en bord de route, au bord de sa place. Ce sont mes premiers pas dans cet espace et je ne sais pas trop où je mets les pieds. L'endroit ressemble à n'importe quel bord de route. L'image qui me vient est celle d'une place comme « occupée ». Que vient-on y faire ? Marie-Josée est plutôt souriante, visiblement avenante et pourtant... Moi, je me sens comme étrangère en ce lieu et chacun de ses mouvements me le signale, à leur façon. Nous nous présentons l'une à l'autre. À mon approche, elle questionne le pourquoi de ma présence et explique la sienne. J'ai l'impression que mon intervention vient quelque peu la bousculer. Visiblement, je viens de faire comme effraction dans l'espace de Marie-Josée. Elle en retrace les limites, réinstalle sa place.

La façon qu'a Marie-Josée de s'éprouver m'intrigue. Elle semble complètement présente et absente à la fois, ce qui lui donne une allure teintée d'une certaine étrangeté. Elle porte une attention toute particulière à son apparence : ses vêtements sont « choisis », ses chaussures sont bien mises, ses cheveux sont soignés, son visage est savamment maquillé… Lorsqu'elle se déplace, elle fait un léger pas de côté, elle donne l'impression de déployer toute une énergie pour mouvoir un corps « tassé » par l'attente. Ses mots ponctuent notre intervention. Son discours me laisse perplexe. Il est d'une singulière sonorité. Elle exprime ses préoccupations du moment, sa réalité, le contexte. Elle n'est pas taiseuse. Elle me laisse venir et dire. Elle me laisse dire les mots, ceux qu'on pense savoir dire en ces instants, instants de travail donnant lieu à des rencontres peu ordinaires.

Au fur et à mesure de nos rencontres, je suis devenue d'une certaine façon dépositaire d'un bout de son histoire, du « pour qui, pour quoi ». Peut-être a-t-elle trouvé en ces instants de confidence une contenance, un fil de ses pensées. J'ai ressenti le besoin de connaître son parcours, son histoire, pour « nourrir » la rencontre, pour que sa parole prenne place. À travers ses récits, j'avais l'impression d'apercevoir un portrait dont le visage ne serait pas si perceptible que cela. Il y a des craquelures, des contours tourmentés qui semblent n'avoir rien à voir avec le vieillissement dit naturel. Elle parle avec une certaine nostalgie de « sa terre d'origine », elle décrit les moments difficiles qu'elle a dû affronter. Elle témoigne de son enfance dans la maison, de son départ « forcé », d'une forme d'émancipation dans les rencontres, du manque du père si présent dans ses souvenirs, d'une mère comme effacée, tous deux aimés.

À demi-mot, elle parle du contexte tout particulier qu'elle a vécu. Elle a dû porter ses enfants à bout de bras, tout en vivant des moments douloureux, tus. L'incertitude des lendemains, l'attente, les attentes, les déceptions mais aussi les joies, « les petits bonheurs » sont autant de traces dont témoigne Marie-Josée dans nos entretiens. L'histoire, ses bouts d'histoire comme les pièces d'un puzzle, qu'elle me raconte, trouvent aujourd'hui refuge dans la mise en écriture par une tierce personne. Durant des mois, elle s'est confiée, j'ai enregistré, j'ai essayé de transcrire, j'ai écouté le son des mots de Marie-Josée… j'ai repris avec elle, elle s'est échappée parfois, j'ai distancé… Mes pensées parfois se sont taries. Que faire de ce « dire » ? Ne pas l'écorner, le travestir, ne pas induire. Je reprenais alors avec elle le début de cette « aventure » histoire d'éclaircir les possibles malentendus, de continuer chacune de notre place, d'être attentive aux émotions, de mesurer la qualité de sa parole. Sa parole n'est jamais insaisissable. Elle ne s'éparpille pas, elle remet à plus tard, dans d'autres lieux, d'autres places. Parfois elle se montre tourmentée. Elle semble ne plus vouloir faire appel à sa mémoire, « infaillible », le présent lui pèse mais elle veut faire face pour « traiter » de cette question qu'est la prostitution, mot souvent imprononçable…

L'écriture de son récit a réellement pris forme à la venue d'une collègue, sensible et sensibilisée par la rencontre de Marie-Josée. Alors qu'elle n'était plus ma collègue, Magali s'est investie à titre personnel dans cette aventure, curieuse de vivre cette expérience commune. Sa formation de sociologue, ses expériences de travail auprès de différents publics en matière de prévention, ont réactivé d'une belle façon la promesse de la réalisation du projet de Marie-Josée. Certains épisodes ont été difficiles « à digérer » : lui aurions-nous fait violence ? N'aurions-nous pas désorganisé davantage un « certain ordre » si durement mis en place ? C'est à partir de ces points de butée qu'une nouvelle lecture des choses a pu éclore.

Ne pouvant laisser certaines choses dans un état brut, nous avons tâché de réintroduire la dimension d'une narrativité qui s'était tarie. Lors de séances de travail nous avons retracé nos échanges et réfléchi aux perspectives d'élaboration afin de co-construire une histoire où nous pourrions retrouver Marie-Josée au présent, parfois un peu « perdue ». Cette mise en mots est laborieuse mais progressivement les langues se délient, les machines à écrire se mettent en route. Que change la mise en écriture ? Le cours de l'existence reste toujours parsemé de sentiments de doute, de peur mais aussi d'espoir, de changement, de fins de certaines attentes paralysantes.

Marie-Josée nous a donné… à écrire, à lire, à voir, à comprendre. Tous ces mots, ces sons, ces silences qui en disent long (ou pas), enregistrés, transcrits, « frappés » sur papier, effacés, raturés, complétés, reformulés, parfois laissés de côté. Il a fallu accepter quelques incohérences, admettre de ne pas tout comprendre, de ne pas pouvoir tout démêler.

Ces séquences d'histoire racontent comment le silence fait écho à l'incompréhension, silence qui tente de contenir une souffrance indicible, chevillée au plus profond de l'être. Comment dire ce qui ne peut être entendu ? Comment entendre, percevoir, ce qui reste tu ? Comment vivre avec une part, en soi, d'insupportable ? Peut-être par ce récit. Nous nous sommes mises à sa disposition pour répondre à sa demande de création, qui a ainsi été un possible de re-création. C'est aussi par ma capacité à penser la discontinuité, particulièrement dans le cadre de mon travail, que j'ai accompagné cette femme qui semble se vivre en « pointillé ».

Ce projet n'est pas une enquête qui cherche l'exactitude, il n'est pas non plus une analyse en surplomb sur la « situation » de Marie-Josée. C'est autre chose, de plus flou, de plus libre, à situer sans doute entre le témoignage et le roman. Ce récit est sans prétention, on est simplement heureuses qu'il ressemble à Marie-Josée. Je la remercie vivement de la confiance qu'elle nous a accordée. C'est ce que l'on appelle une belle rencontre.

Octobre 2015

Remerciements

Nous tenons à remercier ici les personnes sans qui ce livre n'aurait
jamais pu voir le jour.

Tout d'abord, nous remercions bien évidemment Nadine qui a
initié et accompagné ce projet du début à la fin. Tu as su être un
véritable chaînon – à la fois souple et solide – nous reliant l'une à
l'autre, articulant les espaces et les temps de chacune. Avec
persévérance et énormément de respect, tu as mené dans l'ombre
ce travail remarquable de passeuse entre passé et présent, entre
oral et écrit.

Nous remercions de tout cœur Béatrice qui, avec la bienveillance
et la détermination qui la caractérisent, a su prendre les choses en
main quand nous en avions le plus besoin, nous permettant de
finaliser enfin cet ouvrage.

Un grand merci également aux proches et amis qui ont soutenu et
encouragé notre démarche, en particulier Mael, Amandine et
Claire qui ont eu la gentillesse de se faire relecteur et relectrices.

Enfin, nous tenons à nous remercier l'une et l'autre, pour la
confiance et le temps que nous nous sommes accordés
mutuellement.

Marie-Josée et Magali

Impression: BoD - Books on Demand, Norderstedt, Allemagne
Dépôt légal: juin 2019